NAPOLEON HILLs
ERFOLGS JOURNAL

Bibliografische Information der Deutschen Nationalbibliothek
Die Deutsche Nationalbibliothek verzeichnet diese Publikation in der Deutschen Nationalbibliografie. Detaillierte bibliografische Daten sind im Internet über http://dnb.d-nb.de abrufbar.

Für Fragen und Anregungen
info@finanzbuchverlag.de

Wichtiger Hinweis
Ausschließlich zum Zweck der besseren Lesbarkeit wurde auf eine genderspezifische Schreibweise sowie eine Mehrfachbezeichnung verzichtet. Alle personenbezogenen Bezeichnungen sind somit geschlechtsneutral zu verstehen.

1. Auflage 2021
© 2021 by Finanzbuch Verlag, ein Imprint der Münchner Verlagsgruppe GmbH
Türkenstraße 89
80799 München
Tel.: 089 651285-0
Fax: 089 652096

NAPOLEON HILL'S DAILY JOURNAL FOR EVERYDAY MEN
COPYRIGHT © 2010 By The Napoleon Hill Foundation

Alle Rechte, insbesondere das Recht der Vervielfältigung und Verbreitung sowie der Übersetzung, vorbehalten. Kein Teil des Werkes darf in irgendeiner Form (durch Fotokopie, Mikrofilm oder ein anderes Verfahren) ohne schriftliche Genehmigung des Verlages reproduziert oder unter Verwendung elektronischer Systeme gespeichert, verarbeitet, vervielfältigt oder verbreitet werden.

Übersetzung: Simone Siebert
Redaktion: Christine Rechberger
Umschlaggestaltung: Karina Braun, München
Umschlagabbildung: Shutterstock.com/ID1974
Abbildung Innenteil: Shutterstock/mi-re-mi
Satz: reinsatz . Roman Heinemann
Druck: Florjancic Tisk d.o.o., Slowenien
Printed in the EU

ISBN Print 978-3-95972-485-2
ISBN E-Book (PDF) 978-3-96092-765-5
ISBN E-Book (EPUB, Mobi) 978-3-96092-766-2

Weitere Informationen zum Verlag finden Sie unter
www.finanzbuchverlag.de
Beachten Sie auch unsere weiteren Verlage unter www.m-vg.de

WIDMUNG

Obwohl Sie nicht alle Situationen kontrollieren können, die um Sie herum eintreten, können Sie steuern, wie diese Situationen Ihre Geisteshaltung beeinflussen, und damit das Ergebnis, das Sie erzielen.

Dieses *Napoleon Hill Erfolgsjournal* soll Sie dabei unterstützen, die Kontrolle über Ihr Leben zu übernehmen …

Lenken Sie Ihre Gedanken.
Kontrollieren Sie Ihre Gefühle.
Nehmen Sie Ihr Schicksal selbst in die Hand.

Dieses *Napoleon Hill Erfolgsjournal* gehört:

Name: _____

Adresse: _____

Telefon privat: _____

Telefon geschäftlich: _____

E-Mail: _____

INHALT

Willkommen im besten Jahr Ihres Lebens! von Don M. Green 6
Willkommen im besten Jahr Ihres Lebens! von William Clement Stone . 8
Willkommen im besten Jahr Ihres Lebens! von Judith A. Williamson . 9
Die 17 Erfolgsprinzipien 14
So nutzen Sie Ihr *Napoleon Hill Erfolgsjournal* 17
Mein konkretes Hauptziel im Leben 19
Erfolgs-Credo von Napoleon Hill 23
Erläuterung zu den begleitenden Gedichten 25

   1. Monat: Zielstrebigkeit 29
   2. Monat: Die Mastermind-Allianz 47
   3. Monat: Angewandter Glaube 65
   4. Monat: Mehr als verlangt tun 83
   5. Monat: Eine gewinnende Persönlichkeit 101
   5. Monat: Eigeninitiative 115
   6. Monat: Eine positive Geisteshaltung 129
   7. Monat: Begeisterung 147
   7. Monat: Zusammenarbeit 161
   8. Monat: Selbstbeherrschung 175
   8. Monat: Aus Schwierigkeiten und Niederlagen lernen . 189
   9. Monat: Kontrollierte Aufmerksamkeit 203
   9. Monat: Klarheit im Denken 217
  10. Monat: Bei guter Gesundheit bleiben 231
  10. Monat: Zeit und Geld budgetieren 245
  11. Monat: Eine kreative Vision 259
  12. Monat: Kosmische Gewohnheitskraft 277

Finaler Rückblick und Maßnahmenplan 298

WILLKOMMEN IM BESTEN JAHR IHRES LEBENS!

Die 17 Erfolgsprinzipien, die Napoleon Hill mit der Welt geteilt hat, haben ihren Ursprung in einem Gespräch, das Hill im Jahr 1908 als junger Journalist mit dem Stahlmagnaten Andrew Carnegie führte.

Während des Interviews, mit dem Hill damals von einem Magazin beauftragt worden war, sagte Carnegie: »Es ist eine Schande, dass jede neue Generation den Weg zum Erfolg durch Versuch und Irrtum finden muss, wenn die Prinzipien, die dorthin führen, eigentlich offen auf der Hand liegen.« Und er forderte den jungen Hill auf, eine praktische Philosophie mitzugestalten, die alle Menschen anwenden können. Hill dachte genau 29 Sekunden lang darüber nach, bevor er diese Herausforderung, die nach Carnegies Prognose 20 Jahre seiner Zeit in Anspruch nehmen würde, annahm.

In den nun folgenden 20 Jahren verschrieb sich Hill voll und ganz der Recherche dieses Themas und befragte die großen Führungspersönlichkeiten seiner Zeit, und das alles auf eigene Kosten. Zwar öffnete ihm Carnegie durch Empfehlungsschreiben die Türen dieser großen Leute, stellte einen Großteil des nötigen Materials zur Verfügung und übernahm die Reisekosten, doch darüber hinaus war Hill finanziell auf sich allein gestellt. »Ich möchte wissen, ob Sie die natürliche Fähigkeit und Bereitschaft besitzen, mehr als verlangt zu tun; das heißt, Ihre Arbeit zu verrichten, bevor Sie den Lohn dafür einfordern.«

1952 kehrte Dr. Hill aus dem Ruhestand zurück, um mit W. Clement Stone zu arbeiten, dem Vorstandsvorsitzenden und Gründer des riesigen amerikanischen Versicherungsimperiums Combined Insurance, das Stone einst mit nur 100 Dollar in der Tasche und einer positiven Geisteshaltung ins Leben gerufen hatte. Gemeinsam wendete dieses dynamische Duo weitere zehn Jahre für die Verfeinerung der Prinzipien und die Aufnahme des neu erworbenen Wissens in die Erfolgsphilosophie auf.

Hills Bücher zählen zu den großen Bestsellern des 20. Jahrhunderts, und die Philosophie, die er infolge seines schicksalhaften Gesprächs mit Andrew Carnegie entwickelte, hat Millionen von Menschen auf der ganzen Welt zu überragenden Leistungen inspiriert.

Dieses Journal enthält die Essenz dieser bewährten Philosophie – passend aufbereitet, um Ihnen zu helfen, sich jeden Tag ein bisschen besser mit den Prinzipien des Erfolgs vertraut zu machen. Nutzen Sie es zu Ihrem Vorteil.

Don M. Green
Geschäftsführender Direktor
Napoleon-Hill-Stiftung

WILLKOMMEN IM BESTEN JAHR IHRES LEBENS!

Dieses Jahr ist ein Jahr der Hoffnung und des Versprechens ... ein Jahr des Erfolgs und der Leistung! Dieses Jahr wird ein außergewöhnliches Jahr für Sie sein, weil Sie beschlossen haben, es zu einem solchen zu machen. Sie haben sich bewusst dafür entschieden, an sich zu arbeiten ... und die Dinge besser zu machen als je zuvor. Ich weiß das, weil Sie dieses Buch gekauft haben. Sie haben beschlossen, Ihre Zeit – und Ihr Leben – selbst in die Hand zu nehmen!

Mit jedem neuen Jahr zahlt der Schöpfer insgesamt 8.784 Stunden auf Ihr Lebenskonto ein. Und jede einzelne dieser Stunden können Sie frei nach Ihren Wünschen gestalten! Sie können maximal 24 Stunden pro Tag abheben, und Sie können keine zusätzliche Zeit auf Ihr Konto einzahlen. Diese Stunden sind Ihre gesamte Zeitressource für das Jahr ... geben Sie sie weise aus.

Dieses Buch bietet Ihnen einen Rahmen für die Planung Ihres Jahres und für die Anwendung der 17 Erfolgsprinzipien. Jeder Monat enthält eine Definition von einem oder zwei Erfolgsprinzipien, und jedem Tag ist, angelehnt an das jeweils vorgestellte Prinzip, eine Affirmation oder eine motivierende Wendung vorangestellt. Die Idee dahinter: Jedes Prinzip besser zu verstehen, indem Sie es einen ganzen Monat lang studieren und in die Tat umsetzen.

Dieses Buch enthält alle nötigen Grundlagen für die Planung Ihrer Zukunft und die Aufzeichnung Ihrer Erfolge. Alles Weitere liegt allein in Ihren Händen.

Ich wünsche Ihnen viel Gesundheit, Glück und Erfolg bei allem, was Sie anstreben, und ich hoffe aufrichtig, dass dies der Auftakt einer Verpflichtung zu kontinuierlicher Leistung ist, die Sie für den Rest Ihres Lebens aufrechterhalten.

W. Clement Stone
Vorstandsvorsitzender
Combined Insurance Company of America

WILLKOMMEN IM BESTEN JAHR IHRES LEBENS!

Sie fragen sich vielleicht, warum wir ein Tagebuch veröffentlicht haben, das gleichzeitig eine Planungshilfe und ein Notizbuch zur Dokumentation Ihres Handelns ist. Die Antwort ist simpel: Dieses Journal ist das wichtigste Werkzeug in Ihrem Werkzeugkasten für den Erfolg. Ganz am Anfang eines jeden Kurses, den Napoleon Hill leitete, wies er die Teilnehmer an, sich ein Notizbuch zu besorgen, um ihre Ideen festzuhalten, ihre Gedanken zu dokumentieren, sich an Tag- und Nachtträume zu erinnern, inspirierende Eingebungen niederzuschreiben und Handlungspläne detailliert darzulegen. Mit anderen Worten: Die Teilnehmer sollten das Journal nutzen, um einen Fahrplan in Richtung ihres Erfolgs zu erstellen. Und dieses Journal soll auch Ihr persönlicher Plan in Richtung eines ganz bestimmten Wunsches werden, den Sie sich in Ihrem Leben erfüllen möchten. Schreiben Sie ihn auf. Setzen Sie ihn in die Tat um.

Und bitte denken Sie daran, dass ein Vertrag, den Sie mit sich selbst schließen, genauso verbindlich ist wie jeder andere Vertrag, den Sie mit anderen Menschen eingehen – oder sogar noch verbindlicher. Beginnen Sie heute, beginnen Sie hier und jetzt und entwerfen Sie Ihren persönlichen Erfolgsplan. Schreiben Sie ihn in Ihrer eigenen Handschrift in dieses Journal und setzen Sie Ihre Unterschrift und das Datum darunter. Dies wird der »rechtsverbindliche« Vertrag, den Sie mit sich selbst schließen. Nutzen Sie dieses Journal als praktische Schatztruhe für die Aufzeichnung und Verwahrung Ihrer wertvollsten Gedankenperlen. Stimulieren Sie die Entfaltung Ihres wahren Erfolgspotenzials, indem Sie täglich in diesem Journal lesen und schreiben. Schon bald werden Sie eine Erfolgsgewohnheit entwickeln und sich damit auf den von Dr. Hill entwickelten Erfolgsstrahl stellen. Dieser Erfolgsstrahl wird Sie bis weit über Ihre kühnsten Träume hinaustragen. Greifen Sie nach den Sternen, wie man so schön sagt. Und nehmen Sie dieses Mal jede Herausforderung getreulich und unmittelbar an! Schon Anne Frank berichtete, dass ihr Kummer während des Schreibens verschwand und dass sie im selben Zug neuen Mut schöpfte. Das sollte Grund genug sein, um alle Menschen anzuspornen, Dinge aufzuschreiben.

Vorsätze sind gut, aber das Handeln ist so viel zuverlässiger und produktiver. Gedanken sind Dinge, aber damit sie sich zu der von Ihnen ersehnten Realität manifestieren können, müssen Sie jetzt handeln. Dieses Journal ist Ihre persönliche Schatzkarte, aber nur, wenn Sie es auch benutzen. Wenn Sie das nicht tun, wird es Ihnen nicht gelingen, den ersten Schritt in Richtung eines erfolgreichen Lebens zu gehen. Worauf warten Sie noch? Tun Sie es jetzt!

Die Tür steht Ihnen offen. Werden Sie hindurchgehen und sich selbst herausfordern, um den Erfolg zu erzielen, den Sie sich für Ihr Leben am stärksten herbeisehnen? Ich hoffe, Sie werden es tun.

Judith Williamson
Direktorin
Napoleon Hill World Learning Center
an der Purdue University in Calumet

DON M. GREEN

Don M. Green, wohnhaft in Wise, Virginia, dem Geburtsort von Napoleon Hill, bereichert seine Rolle als geschäftsführender Direktor der Napoleon Hill Foundation durch seine fast 45-jährige Erfahrung in den Bereichen Bankwesen, Finanzen und Unternehmertum. Sein Einstieg ins Geschäftsleben erfolgte schon in jungen Jahren, indem er Eintritt für das Betrachten seines Hausbären nahm – ja, einer von der lebendigen, brummenden Sorte! Seit dem Jahr 2000 hat Green die ganze Welt bereist und sein Finanzwissen dafür genutzt, um die Mittel der Stiftung zu erhöhen und im Namen der Stiftung Bildungsarbeit in Gefängnissen zu leisten. Seine Führungsqualitäten hat Green nicht nur als geschäftsführender Direktor bewiesen, sondern auch im Rahmen des Kurses »PGH – Die Wissenschaft des Erfolgs« am Wise-College der Universität von Virginia. Als ehemaliger Präsident der Landeshandelskammer in Wise wendet Don M. Green die Erfolgsphilosophie zudem gewinnbringend zu Geschäfts- und Führungszwecken in seiner aktuellen Position als geschäftsführender Direktor der Napoleon-Hill-Stiftung an.

WILLIAM CLEMENT STONE

(4. Mai 1902–3. September 2002) war ein bekannter Geschäftsmann, Philanthrop und Autor von Selbsthilfebüchern. Mit einer bescheidenen Anfangsinvestition von nur 100 Dollar gründete er die amerikanische Versicherungsgesellschaft Combined Insurance Company, sich zu einem Multimillionen-Dollar-Unternehmen entwickelte, das in den 1980er-Jahren zur Aon Corporation wurde. W. Clement Stone teilte seinen Glauben an die Kraft des Optimismus in zahlreichen Büchern, die bis heute gelesen werden: *Success Through a Positive Mental Attitude* (gemeinsam mit Napoleon Hill verfasst, auch auf Deutsch erhältlich: *Mit positivem Denken zum Erfolg*) und *The Success System That Never Fails*. Mit seinen inspirierenden Selbsthilfebüchern, die ein weltweites Publikum erreicht haben, unterstreicht Mr. Stone seine Überzeugung, dass jeder erfolgreich werden kann, »egal wie schlecht sein Start im Leben auch war«.

JUDITH A. WILLIAMSON

Internationale Rednerin, Autorin und seit 2000 Direktorin des Napoleon Hill World Learning Center an der Purdue University in Calumet, Hammond, Indiana. Eine Auswahl ihrer Bücher: *How to Become a Mental Millionaire, Poems to Inspire You to Think and Grow Rich, Timeless Thoughts for Today, Fifty-Two Lessons for Life, Success Vitamins for a Positive Mind* und *Napoleon Hill's Magic Seeds for Success*. Gastautorin für das Magazin *Pure Inspiration* und Autorin des elektronischen Wochenmagazins *Napoleon Hill Yesterday and Today*.

Williamson ist eine Purdue-Absolventin mit Abschlüssen in Englisch, Spanisch und Betriebswirtschaftslehre und Moderatorin bei den ASQ-Weltkonferenzen der American Society for Quality in Seattle, Minneapolis und auch bei Qualcom, einem Ableger der ASQ, in Brisbane, Australien. Aktuell arbeitet sie an der weltweiten Verbreitung der Materialien von Dr. Napoleon Hill in ihren Schriften, Workshops und Seminaren.

DIE 17 ERFOLGSPRINZIPIEN

1. **Zielstrebigkeit**
   Die Psychologie der Zielstrebigkeit.

2. **Die Mastermind-Allianz**
   Eine positive Geisteshaltung, die Sie gemeinsam mit Gleichgesinnten entwickeln, die Ihre Ziele teilen.

3. **Angewandter Glaube**
   Der Prozess der persönlichen Ausrichtung auf die grenzenlose Weisheit.

4. **Mehr als verlangt tun**
   Das Gesetz, mehr und bessere Leistungen zu erbringen, als gefordert wird, und einen höheren Nutzen zu erzielen.

5. **Eine gewinnende Persönlichkeit**
   Die Gesamtheit aller angenehmen, erfreulichen und liebenswerten Eigenschaften eines Menschen.

6. **Eigeninitiative**
   Die innere Kraft, von der jedes HANDELN ausgeht.

7. **Eine positive Geisteshaltung**
   Der richtige, ehrliche, konstruktive Gedanke, die richtige Aktion oder Reaktion auf eine Person, eine Situation oder eine Reihe von Umständen.

8. **Begeisterung**
   Belebende Worte und Handlungen mit einer nicht greifbaren Macht, um andere zu überzeugen und zu inspirieren.

9. **Selbstbeherrschung**
Energie zu konstruktiven Zwecken nutzen und die Kontrolle über sich selbst gewinnen.

10. **Klarheit im Denken**
Eindeutige und präzise Entscheidungen treffen.

11. **Kontrollierte Aufmerksamkeit**
Das Koordinieren aller geistigen Fähigkeiten zugunsten organisierter Geisteskraft.

12. **Zusammenarbeit**
Bereitschaft zur Zusammenarbeit und Koordination der Anstrengungen, um ein bestimmtes Ziel zu erreichen.

13. **Aus Schwierigkeiten und Niederlagen lernen**
Aus Misserfolgen Sprungbretter machen – die Grenzen des eigenen Verstandes überwinden.

14. **Eine kreative Vision**
Ideen analysieren, vergleichen, auswählen, entwickeln, visualisieren und vorhersehen.

15. **Bei guter Gesundheit bleiben**
Entwicklung von Gewohnheiten der körperlichen und geistigen Betätigung zur Erhaltung eines gesunden Körpers.

16. **Zeit und Geld budgetieren**
Zeit und Geld investieren und sparen.

17. **Das kosmische Gesetz der Macht der Gewohnheit – Ein universelles Gesetz**
Das Gesetz, mit dem das Gleichgewicht des Universums durch etablierte Muster oder Gewohnheiten aufrechterhalten wird.

So Nutzen Sie Ihr

NAPOLEON HILL ERFOLGSJOURNAL

Dieses Tagebuch für die Planung und Dokumentation Ihres Handelns wurde entwickelt, um Ihnen dabei zu helfen, die 17 Erfolgsprinzipien von Napoleon Hill zu entdecken, sie in Ihr eigenes Leben zu integrieren, sie zu praktizieren, und um Sie auf diese Weise dabei zu unterstützen, Tag für Tag die notwendigen Schritte in Richtung Erfolg und persönlicher Selbstverwirklichung zu gehen.

- » Es ist ein Zielplaner.
- » Es hilft Ihnen, Ihre Jahres-, Monats-, Wochen- und Tagesziele im Blick zu behalten.
- » Es liefert Ihnen motivierende Gedanken und Zuspruch, um Ihre Inspiration zu befeuern.
- » Es bietet Ihnen Raum für persönliche Gedanken und Aufzeichnungen, mit deren Hilfe Sie Ihren Fokus auf Ihr eindeutiges Hauptziel aufrechterhalten können.

Jeden Monat werden ein oder mehrere Erfolgsprinzipien vorgestellt – gemeinsam mit ganz konkreten Vorschlägen, wie Sie sie in Ihren Alltag integrieren können. Gestalten Sie jede Seite individuell und halten Sie Ihre positiven Gedanken, Pläne und Ihr Erreichtes fest. Indem Sie sich täglich Ziele setzen und deren Umsetzung anstreben und verfolgen, geben Sie Ihrem Leben eine Richtung und machen den ersten großen Schritt hin zu beständigem Erfolg.

JÄHRLICH

- » Legen Sie Ihr eindeutiges Hauptziel fest.
- » Entwickeln Sie einen Plan für das Erreichen dieses Ziels.
- » Legen Sie fest, welche Gegenleistung Sie im Gegenzug für das Erreichen Ihres konkreten Hauptziels erbringen möchten.
- » Schreiben Sie Ihre bisherigen Leistungen zusammen mit Ihren kommenden Etappenzielen auf. Das wird Ihnen dabei helfen, ein »Erfolgsbewusstsein« zu entwickeln.
- » Formulieren Sie Monatsziele.

Am Ende dieses Erfolgsjournals können Sie Ihren Maßnahmenplan überprüfen und eine finale, optimierte Version für die sofortige Umsetzung erstellen.

MONATLICH

Untergliedern Sie Ihre Jahresziele und notieren Sie Monat für Monat Ihre jeweiligen persönlichen und beruflichen Etappenziele. Dokumentieren Sie an jedem Monatsende, welche Leistungen Sie vollbracht und welche Ziele Sie in den vergangenen Wochen erreicht haben, und legen Sie dar, welche Verbesserungen Sie in den folgenden Monaten anstreben möchten.

WÖCHENTLICH

Teilen Sie Ihre Monatsziele in persönliche und berufliche Ziele für jede einzelne Woche auf, und evaluieren Sie Ihren Fortschritt am Ende jeder Woche.

TÄGLICH

Zu Beginn eines jeden Tages:
» Lesen Sie Ihr konkretes Hauptziel laut vor.
» Lesen und reflektieren Sie einen Gedankenstarter Ihrer Wahl.
» Prüfen Sie Ihre persönlichen und beruflichen Zielsetzungen für die vor Ihnen liegende Woche.
» Setzen Sie Ihren Plan in die Tat um.

Am Ende eines jeden Tages:
» Lesen Sie Ihr konkretes Hauptziel laut vor.
» Lesen und reflektieren Sie erneut den für diesen Tag gewählten Gedankenstarter.
» Dokumentieren Sie Ihre Fortschritte und was Sie getan haben, um Ihre Tagesziele zu erreichen.

> Dieses Buch soll Ihnen dabei helfen, Ihre Chance auf eine neue Lebensweise zu erkennen und zu verstehen ... eine POSITIVE Lebensweise! Nutzen Sie es täglich, um den Erfolg zur Gewohnheit werden zu lassen!

MEIN KONKRETES HAUPTZIEL IM LEBEN

Mein konkretes Hauptziel lautet (mein Vertrag mit mir selbst):

_____

_____

_____

_____

_____

_____

Meine Unterschrift: _____

Tag: _____ Monat: _____ Jahr: _____

Das Erreichen meines Hauptziels beinhaltet Folgendes:
Kreuzen Sie alles an, was zutreffen könnte

○ Finanzieller Erfolg: _____

○ Anerkennung: _____

○ Persönliche Leistung: _____

○ Seelenfrieden: _____

○ Spirituelle Erfüllung: _____

○ Beitrag zu einer Gemeinschaft: _____

○ Harmonie in der Familie: _____

○ Sonstiges: _____

Als Gegenleistung für das Erreichen meines konkreten Hauptziels beabsichtige ich Folgendes zu geben:

Mein erster Schritt in Richtung meines Ziels lautet:

_____

_____

_____

Dies werde ich bis zu diesem Datum erreichen:

Tag: _____ Monat: _____ Jahr: _____

Mein zweiter Schritt in Richtung meines Ziels lautet:

_____

_____

_____

Dies werde ich bis zu diesem Datum erreichen:

Tag: _____ Monat: _____ Jahr: _____

Mein dritter Schritt in Richtung meines Ziels lautet:

_____

_____

_____

Dies werde ich bis zu diesem Datum erreichen:

Tag: _____ Monat: _____ Jahr: _____

Erfolgs-Credo
VON NAPOLEON HILL

Ich bete täglich, aber nicht um noch größere Reichtümer, sondern um noch mehr Weisheit, damit ich die Fülle der Reichtümer, über die ich bereits verfüge, erkennen, annehmen und genießen kann. Ich habe keine Feinde, denn ich verletze niemanden aus irgendeinem Grund, sondern ich versuche, allen, mit denen ich in Kontakt komme, zu nützen, indem ich sie den Weg zu beständigem Reichtum lehre. Ich besitze größeren materiellen Wohlstand als ich benötige, weil ich nicht gierig bin und nur Dinge begehre, von denen ich im Leben sinnvollen Gebrauch machen kann.

ERLÄUTERUNG ZU DEN BEGLEITENDEN GEDICHTEN

Seine Inspiration bezog Napoleon Hill aus den Werken vieler zeitgenössischer wie auch klassischer Dichter. Häufig wählte er entweder ganze Gedichte oder einzelne Passagen aus, um sie in seinen eigenen Schriften zu zitieren. Die Gedichte, für die er sich entschied, sind überwiegend optimistischer und positiver Natur und bieten den Lesern starke affirmative Botschaften. Sie betonen, was jeder und jede Einzelne für sich selbst tun kann und unterstreichen, dass alle Menschen die Macht haben, ihr Schicksal zu lenken. Während Sie jedes der 17 Erfolgsprinzipien von Napoleon Hill studieren, können Sie die begleitenden Gedichte zum Meditieren und Nachdenken nutzen. Außerdem zeigen sie Ihnen während des Lernens und Planens zudem auch eine emotionale Perspektive auf. Jede vollwertige Erfolgsphilosophie muss sowohl den Kopf als auch das Herz eines Menschen berühren. Denn es ist eine bekannte Tatsache, dass wir unser konkretes Hauptziel schneller erreichen, wenn wir es mit Emotionen aufladen. Aus diesem Grund enthält dieses Tagebuch Gedichte, die Ihren Kopf und Ihr Herz eins werden lassen und Ihnen dabei helfen, Ihren Traum zu verwirklichen. Gehen Sie folgendermaßen vor: Lesen und studieren Sie die Definitionen der einzelnen Erfolgsprinzipien in der in diesem Tagebuch vorgegebenen Reihenfolge. Lesen Sie anschließend das jeweils begleitende Gedicht und lassen Sie es auf sich wirken. Lassen Sie zu, dass Ihre Gefühle mit Ihrem Verstand verschmelzen und in Ihnen eine starke Motivation zu sofortigem Handeln hervorrufen, das Sie voranbringt. Oder wie W. Clement Stone sagt: »Tun Sie es jetzt!«

Einführung	**Glauben.**
Zielstrebigkeit	**Kolumbus.**
Die Mastermind-Allianz	**Wertschätzung.**
Angewandter Glaube	**Wenn.**

Mehr als verlangt tun	**Gute Taten.**
Eine gewinnende Persönlichkeit	**Seien Sie das Beste, was immer Sie sind.**
Eigeninitiative	**Die Dinge, die noch niemand tat.**
Positive Geisteshaltung	**Diese Welt.**
Begeisterung	**Wenn.**
Zusammenarbeit	**Zusammenarbeit.**
Selbstdisziplin	**Den Tag vergeuden.**
Aus Schwierigkeiten und Niederlagen lernen	**Gelegenheit.**
Kontrollierte Aufmerksamkeit	**Heute.**
Klarheit im Denken	**Vier Dinge.**
Bei guter Gesundheit bleiben	**Mein Eigen kommt zu mir her.**
Zeit und Geld budgetieren	**Muße.**
Eine kreative Vision	**Wenn du nicht drüber oder drunter kommst, dann geh außenrum.**
Kosmische Gewohnheitskraft	**Der Regenbogen.**
Schlusskommentar	**Erfolg.**

GLAUBEN

»Geschlagen ist, wer das selber glaubt,
verzagt, wer sich nicht wagen traut.
Wer den Sieg nicht fühlen kann, hat auf Sand gebaut.
Wer sich verlieren sieht, hat verloren.

Denn was uns die Erfahrung lehrt:
Nur wer es wirklich will, wird mit Erfolg geehrt.
Deklassiert wird man im Kopf.

Wer hohe Ziele hat, muss nach oben schauen.
Will man sie erreichen,
braucht es Selbstvertrauen.

Im Leben gewinnt nicht immer,
wer stärker und schneller ist,
Am Ende siegst du,
wenn du nur siegessicher bist!«[1]

W. D. Wintle

1. Monat:
ZIELSTREBIGKEIT

Zielstrebigkeit ... Der Beginn allen individuellen Erfolgs besteht darin, sich ein konkretes Hauptziel zu setzen und einen präzisen Plan zu entwickeln, um es zu erreichen.

Zielstrebigkeit ist der Ausgangspunkt eines JEDEN Erfolgs. Zielstrebig zu sein bedeutet, zu wissen, was man will, einen Plan zu haben, um es zu bekommen, entsprechend zu handeln und sich auf keinen Fall mit weniger zufriedenzugeben.

Wenn Sie etwas nur dringend genug wollen, wenn Sie entschlossen sind, es zu bekommen und einen Plan entwickeln, wie Sie es bekommen können ... DANN WERDEN SIE ES BEKOMMEN! Das ist eine erwiesene Tatsache.

Sie haben die Macht, Ihr Leben in eine neue Richtung zu lenken! Sie und nur Sie allein können sich entscheiden: Entweder treiben Sie planlos und ohne klares Ziel durchs Leben ... oder Sie entscheiden sich, Zielstrebigkeit zu entwickeln und dieses Prinzip anzuwenden, um zu erreichen, was immer Sie in Ihrem Leben erreichen wollen.

Alles beginnt mit einer Idee! Überlegen Sie sich genau, was Sie wollen und halten Sie es schriftlich fest ... so konkret wie möglich. Recherchieren Sie und sammeln Sie alle verfügbaren Informationen über Ihr ersehntes Ziel. Entwickeln Sie einen Ein- und einen Fünfjahresplan. Erstellen Sie eine Liste mit Tages-, Monats- und Jahreszielen. Setzen Sie sich für jedes Teilziel feste Zeitlimits und prüfen Sie in regelmäßigen Abständen Ihre Fortschritte.

Prägen Sie sich Ihr Ziel ein und wiederholen Sie es jeden Morgen als Erstes und jeden Abend als Letztes. Entwickeln Sie Erfolgsbewusstsein und lassen Sie Ihr Unterbewusstsein die Arbeit machen!

Handeln Sie! Handeln Sie! Handeln Sie! Sagen Sie nicht nur, dass Sie Erfolg haben werden. Wünschen Sie sich nicht nur, dass Sie Erfolg haben werden. Handeln Sie sofort, heute und an jedem weiteren Tag. Setzen Sie sich für Ihren Erfolg ein und setzen Sie alles daran, ihn zu erreichen!

---

*Sobald Sie das Hauptziel Ihres Lebens entdeckt haben,
stehen Sie am Beginn einer erfolgreichen Zukunft.*

Don M. Green

Mein Versprechen, dieses Prinzip in meinem Leben anzuwenden, manifestiert sich in den folgenden Punkten:

MEINE PERSÖNLICHEN ZIELE FÜR DEN 1. MONAT

1. _____

2. _____

3. _____

MEINE BERUFLICHEN ZIELE FÜR DEN 1. MONAT

1. _____

2. _____

3. _____

KOLUMBUS

Hinter ihm lag das Azorengrau,
auch die Säulen des Herkules lange her,
Und vor ihm nicht der Küsten Tau;
Vor ihm nur das küstenlose Meer.
Der Steuermann sagte: »Nun müssen
wir beten,
denn sieh, die Sterne sind vergangen.
Tapf'rer Admiral, sprich; was soll ich reden?«
»Na, sagen Sie: Segelt weiter, ohne Bangen.«
»Meine Männer meutern stärker, jeden Tag,
meine Männer werden furchtbar blass
und bange.«
Der stämmige Maat denkt an zu Hause;
ein Schlag
aus Salz wusch seine dunkle Wange.
»Was soll ich sagen, tapferer Admiral,
wenn wir morgen nichts als Meer
sehen überall?«
»Na, sagen Sie: Segelt weiter, ohne Bange.
Segelt weiter, segelt weiter, ohne Qual.«
Sie segelten weiter mit dem Wind,
ohne Klagen,
Bis zuletzt der Maat sprach:
»Nun könnte nicht einmal Gott mehr sagen
Ob ich und meine Männer fallen sollten,
tot und schwach.

Diese Winde verlieren ihre Spur
Denn Gott ist auf diesem Meer nicht mehr.
»So sprich, Admiral, und rat mir nur —«
Er sagte: »Segelt weiter, ohne Wiederkehr.«
Sie segelten weiter,
dann sprach der Maat stur;
»Dies Meer zeigt seine Zähne heut Nacht.
Es kräuselt die Lippen, es wartet nur,
mit gebleckten Zähnen, uns zu beißen,
gebt acht!
Admiral, so sagt uns nur ein gutes Wort:
Was sollen wir tun, wenn die Hoffnung
wird blass?«
Das Wort, es sprang wie ein Schwert hinfort:
»Segelt weiter, segelt weiter, ohne Unterlass.«
Dann, schwach und krank, blieb er an Deck,
Und blickt in die Dunkelheit. Oh, diese Nacht
Aller dunklen Nächte! Und dann ein Fleck —
Ein Licht! Ein Licht! Ein Licht! Gebt Acht!
Es wurd größer, eine Flagge im Sternenglanz!
Es breitet sich aus als der Zeit
neuer Morgen.
Er gewann eine Welt und er gab ihr
nun ganz
Die größte Lektion: »Segelt weiter,
ohne Sorgen!«

JOAQUIN MILLER

ZIELSTREBIGKEIT

| | Tägliche Gedankenstarter für den 1. Monat |

1. _____

Es ist besser, zu viel von mir zu erwarten als zu wenig.

2. _____

Mein Schiff wird nicht zurückkehren, solange ich es nicht zuvor auf den Weg geschickt habe.

3. _____

Zielstrebigkeit inspiriert die Zusammenarbeit mit anderen.

4. _____

Mein Fortschritt im Leben beginnt in meinem eigenen Kopf.

5. _____

98 Prozent der Menschen treiben ohne Plan und Ziel durchs Leben.

6. _____

Was immer ich mir mit meinem Verstand vorstellen und woran ich glauben kann, kann ich auch erreichen.

7. *Tun Sie es jetzt! Füllen Sie die Checkliste Ihrer Wochenziele aus.*

Es ist nie zu spät, ein wunderbares neues Leben zu beginnen.

ZIELSTREBIGKEIT

Tägliche Gedankenstarter für den 1. Monat

Mein Geist hat die grenzenlose Macht, meine Wünsche wahr werden zu lassen.

Wenn ich mein Ziel kenne und den ersten Schritt mache, bin ich auf dem Weg.

Das Geheimnis, Dinge zu erledigen, heißt: TUN SIE ES JETZT!

Wenn ich es will, kann ich der Mensch sein, der ich sein will.

Die Welt macht Platz für den Menschen, der weiß, wohin er geht.

Niemand kann mich aufhalten, außer ich mich selbst.

Eines ist sicher: Ich werde nichts zu Ende bringen, wenn ich gar nicht erst damit anfange.

8.

9.

10.

11.

12.

13.

14. *Tun Sie es jetzt! Füllen Sie die Checkliste Ihrer Wochenziele aus.*

ZIELSTREBIGKEIT

> Tägliche Gedankenstarter für den 1. Monat

15. _____

16. _____

17. _____

18. _____

19. _____

20. _____

21. *Tun Sie es jetzt! Füllen Sie die Checkliste Ihrer Wochenziele aus.*

Es zählt nicht, was ich tun werde, sondern, was ich tue.

Es mag sein, dass ich ohne großes Zutun an die Spitze gelange, doch um dort zu verweilen, muss ich mich anstrengen.

Ziel- und planlos durchs Leben zu treiben, ist die Hauptursache für Misserfolg.

Ich fokussiere meinen Geist beständig auf das, was ich will – nicht auf das, was ich nicht will.

Die wichtigste Lektion der Zielstrebigkeit entwickelt sich in meinem eigenen Kopf.

Es wird mir gelingen, wenn ich glaube, dass ich es kann!

Ein Leben ohne ein konkretes Hauptziel verspricht, ein trostloses Leben zu werden.

ZIELSTREBIGKEIT

Tägliche Gedankenstarter für den 1. Monat

Mein Tun ist beeindruckender als meine Worte.

Bislang ist noch niemand an die Grenzen des Verstandes gestoßen.

Das Schlimmste an der Sorge ist, dass sie eine ganze Schar von Verwandten anzieht.

Ich lasse mich nicht von geistigen Mauern einsperren.

Erfolg braucht keine Erklärungen. Misserfolg duldet keine Alibis.

Wie eine Maschine rostet auch der Geist, wenn er untätig ist.

Das Geheimnis, Dinge zu erledigen, heißt handeln.

22. _____

23. _____

24. _____

25. _____

26. _____

27. _____

28. *Tun Sie es jetzt! Füllen Sie die Checkliste Ihrer Wochenziele aus.*

ZIELSTREBIGKEIT

29. _____

30. _____

31. *Tun Sie es jetzt! Füllen Sie die Checkliste Ihrer Wochenziele aus.*

> **Tägliche Gedankenstarter für den 1. Monat**
>
> Wenn Sie nicht wissen, was Sie wollen, dann sagen Sie nicht, Sie hätten nie eine Chance gehabt.
>
> Ein Mensch ohne Ziel ist so ohnmächtig wie ein Schiff ohne Kompass.
>
> Konstant ein Ziel anzustreben, ist das erste Erfolgsprinzip.

1. MONAT: WÖCHENTLICHE ZIEL-CHECKLISTE

MEINE PERSÖNLICHEN ZIELE FÜR WOCHE EINS

1. _____

2. _____

3. _____

MEINE BERUFLICHEN ZIELE FÜR WOCHE EINS

1. _____

2. _____

3. _____

1. MONAT: WÖCHENTLICHE ZIEL-CHECKLISTE

MEINE PERSÖNLICHEN ZIELE FÜR WOCHE ZWEI

1. _____

2. _____

3. _____

MEINE BERUFLICHEN ZIELE FÜR WOCHE ZWEI

1. _____

2. _____

3. _____

1. MONAT: WÖCHENTLICHE ZIEL-CHECKLISTE

MEINE PERSÖNLICHEN ZIELE FÜR WOCHE DREI

1. _____

2. _____

3. _____

MEINE BERUFLICHEN ZIELE FÜR WOCHE DREI

1. _____

2. _____

3. _____

1. MONAT: WÖCHENTLICHE ZIEL-CHECKLISTE

MEINE PERSÖNLICHEN ZIELE FÜR WOCHE VIER

1. _____

2. _____

3. _____

MEINE BERUFLICHEN ZIELE FÜR WOCHE VIER

1. _____

2. _____

3. _____

MEIN MONATSRÜCKBLICK ERFOLGSPRINZIP: ZIELSTREBIGKEIT

DIE PERSÖNLICHEN ZIELE, DIE ICH ERREICHT HABE

Persönliche Bestandsaufnahme:

Habe ich erreicht, was ich mir im 1. Monat vorgenommen habe?

_____
_____
_____
_____
_____

Welche persönlichen Ziele des 1. Monats muss ich korrigieren und auf den nächsten Monat übertragen?

_____
_____
_____
_____
_____

MEIN MONATSRÜCKBLICK ERFOLGSPRINZIP: ZIELSTREBIGKEIT

DIE BERUFLICHEN ZIELE, DIE ICH ERREICHT HABE

Persönliche Bestandsaufnahme:

Habe ich erreicht, was ich mir im 1. Monat vorgenommen habe?

Welche beruflichen Ziele des 1. Monats muss ich korrigieren und auf den nächsten Monat übertragen?

ZIELSTREBIGKEIT

Habe ich TÄGLICH Maßnahmen ergriffen,
die mich meinem konkreten Hauptziel näherbringen?

Wie habe ich mein Versprechen erfüllt,
das Prinzip der Zielstrebigkeit anzuwenden?

Habe ich ein konkretes Hauptziel für mein Leben gewählt?

1. MONAT

Habe ich es schriftlich festgehalten?

Habe ich einen detaillierten Plan entworfen, um dieses Ziel zu erreichen?

Habe ich festgelegt, was ich im Gegenzug zu geben bereit bin?

NOTIZEN

NOTIZEN

2. Monat:

DIE MASTERMIND-ALLIANZ

Die Mastermind-Allianz … besteht aus zwei oder mehr Köpfen, die in perfekter Harmonie zusammenarbeiten, um ein bestimmtes gemeinsames Ziel zu erreichen.

Sie bietet Ihnen die Möglichkeit, von der Erfahrung, der Bildung, dem Talent, dem Einfluss und vielleicht auch den finanziellen Mitteln anderer zu profitieren, um Ihr eindeutiges Hauptziel zu erreichen. Auch wenn Sie persönlich nicht über diese Dinge verfügen, können Sie durch die Verbindung mit anderen Menschen, die sie besitzen, trotzdem auf sie zugreifen, als wären sie Ihr Eigen.

Eine Mastermind-Allianz können Sie mit Ihrem Ehepartner, Ihrem Manager, einem Freund, einem Arbeitskollegen und so weiter bilden. Einmal ins Leben gerufen, muss die Gruppe als Ganzes in Aktion treten und aktiv bleiben. Dabei muss sie sich an einem bestimmten Plan orientieren und in einem festgelegten Zeitraum auf ein konkretes gemeinsames Ziel hinarbeiten. Unentschlossenheit, Untätigkeit oder Verzögerungen untergraben den Nutzen der Allianz. Alle Mitglieder müssen sich ohne Vorbehalte vollständig mit der Zielsetzung der Allianz identifizieren.

Niemand kann allein zu Größe gelangen, und vereinte Geister entfalten eine größere Kraft, als es ein einzelner Mensch vermag. Identifizieren Sie alle Ressourcen, die Ihnen zur Verfügung stehen, und nutzen Sie sie, um Ihr eindeutiges Hauptziel zu erreichen.

Die Fähigkeit, Gleichgesinnte auszuwählen, die Sie bei der Verfolgung Ihrer Ziele unterstützen können, versetzt Sie in die Lage, große Erfolge zu erzielen, die Sie allein nicht erreichen könnten.

Don M. Green

Mein Versprechen, dieses Prinzip in meinem Leben anzuwenden, manifestiert sich in den folgenden Punkten:

MEINE PERSÖNLICHEN ZIELE FÜR DEN 2. MONAT

1. _____
   _____

2. _____
   _____

3. _____
   _____

MEINE BERUFLICHEN ZIELE FÜR DEN 2. MONAT

1. _____
   _____

2. _____
   _____

3. _____
   _____

WERTSCHÄTZUNG

Das Leben ist ein Tyrannenspiel mit Kniffen und Scharnieren –
Manche lächeln, manche lachen und manche markieren;
Manche tragen eine viel zu schwere Last,
Und manche machen weiter, ohne Rast,
Doch die Last wird nur selten zu schwer für dich
Wenn ich dich schätze und du auch mich.

Er, der da lebt, gleich nebenan
und der bei der Last seines Bruders packt an
Scheint einsam zu sein auf einer langen Reise,
Während die Welt sich dreht, mit einer munteren Weise,
Doch das Herz wird warm und keine Sorgen grämen dich
Wenn ich dich schätze und du auch mich.

Wenn ich dich schätze und du auch mich,
Reist du Richtung Sieg, ja sicherlich;
Er spricht dir Mut zu, sagt »Sei ohne Sorgen«,
Und die Tage werden heller, es dämmert der Morgen;
Es gibt keinen Zweifel, kein Geheimnis für dich,
Wenn ich dich schätze und du auch mich.

Der beste Gedanke auf Himmel und Erd –
Er hilft uns erkennen, uns'rer Mitmenschen Wert;
Es gäb' keine Kriege, keine Habgier; nein,
Es macht Arbeit zum Spiel, frei und sorglos macht es dich
Wenn ich dich schätze und du auch mich.

WILLIAM JUDSON KIBBY

DIE MASTERMIND-ALLIANZ

> **Tägliche Gedankenstarter für den 2. Monat**

1. _____

2. _____

3. _____

4. _____

5. _____

6. _____

7. *Tun Sie es jetzt! Füllen Sie die Checkliste Ihrer Wochenziele aus.*

Wenn Sie sich eingeredet haben, was Sie wollen, hören Sie auf zu reden – handeln Sie.

Was will ich vom Leben? Was bin ich im Gegenzug bereit zu geben, wenn ich es bekomme?

Zu wahrer Größe gelangen diejenigen, die das brennende Verlangen entwickeln, diese Größe zu erreichen.

Handeln Sie aus eigenem Antrieb, aber stellen Sie zuvor sicher, dass Sie wissen, in welche Richtung Sie gehen.

Es ist besser, es einem erfolgreichen Menschen nachzutun, als ihn zu beneiden.

Ein scharfer Verstand wird durch praktische Erfahrung geschärft.

Manchmal ist es klüger, sich mit einem Gegner zu verbünden, als ihn zu bekämpfen.

Tägliche Gedankenstarter für den 2. Monat

DIE MASTERMIND-ALLIANZ

Dauerhafter Erfolg basiert auf harmonischen Beziehungen.

8. _____

Kein Mensch kann allein Großes erreichen.

9. _____

Freundlicher Rat entfaltet einen größeren Einfluss als freundliche Kritik.

10. _____

Ein guter Lehrer ist ein guter Schüler.

11. _____

Bleiben Sie stets aufgeschlossen. Denken Sie daran, dass niemand weiß, wie das letzte Wort unseres Lebens lauten wird.

12. _____

Beobachten Sie den, der Ihnen voraus ist, um zu erfahren, warum er vorne liegt, und ahmen Sie ihn nach.

13. _____

14. *Tun Sie es jetzt! Füllen Sie die Checkliste Ihrer Wochenziele aus.*

Erfolg zieht Erfolg an. Misserfolg zieht Misserfolg an. Das ist das Gesetz der harmonischen Anziehung.

DIE MASTERMIND-ALLIANZ

> Tägliche Gedankenstarter für den 2. Monat

15. _____

16. _____

17. _____

18. _____

19. _____

20. _____

21. *Tun Sie es jetzt! Füllen Sie die Checkliste Ihrer Wochenziele aus.*

Wenn Sie lieber ein Mitläufer sind, dann wählen Sie einen Gewinner als Ihren Anführer und halten Sie mit ihm Schritt.

Wenn Sie etwas nicht wissen, müssen Sie den Mut haben, es zuzugeben – nur so können Sie dazulernen.

Ich kann nicht erfolgreich sein und bleiben ohne die von Wohlwollen geprägte Zusammenarbeit mit anderen.

Nach den konstruktiven Konzepten anderer Menschen Ausschau zu halten, zahlt sich mehr aus, als nach ihren Fehlern zu suchen.

Wer sich zu einer Mastermind-Allianz zusammenschließt, profitiert von grenzenloser Energie.

Die erfolgreichsten Menschen sind diejenigen, die den meisten Menschen dienen.

Gegenseitiges Vertrauen ist die Grundlage für zufriedenstellende Beziehungen.

Tägliche Gedankenstarter für den 2. Monat

DIE MASTERMIND-ALLIANZ

Zusammenarbeit ist ein unbezahlbares Gut, das man sich nur durch die eigene Bereitschaft zur Unterstützung anderer verdienen kann.

Der erste Schritt zu einer erfolgreichen Mastermind-Allianz besteht darin, mit sich selbst ins Reine zu kommen.

Wenn Sie nicht an Zusammenarbeit glauben, dann sehen Sie sich an, was mit einem Wagen geschieht, der ein Rad verliert.

Mein bester Freund ist womöglich derjenige, der mir meine Fehler unverblümt vor Augen führt.

Wenn ich mich für ein gutes Miteinander einsetze, wird es mir nie an Freunden mangeln.

Wer die Harmonie liebt, weiß für gewöhnlich, wie man sie bewahrt.

Eifersucht ist eine vorübergehende Unzurechnungsfähigkeit.

22. _____

23. _____

24. _____

25. _____

26. _____

27. _____

28. *Tun Sie es jetzt! Füllen Sie die Checkliste Ihrer Wochenziele aus.*

DIE MASTERMIND-ALLIANZ

29. _____

30. _____

31. *Tun Sie es jetzt! Füllen Sie die Checkliste Ihrer Wochenziele aus.*

> **Tägliche Gedankenstarter für den 2. Monat**

Ich kann nicht perfekt, aber ehrlich sein.

Wenn ich nicht gewinnen kann, kann ich wenigstens lächelnd verlieren!

Ich bin nicht größer als die Gedanken, die meinen Geist beherrschen.

2. MONAT: WÖCHENTLICHE ZIEL-CHECKLISTE

MEINE PERSÖNLICHEN ZIELE FÜR WOCHE EINS

1. _____

2. _____

3. _____

MEINE BERUFLICHEN ZIELE FÜR WOCHE EINS

1. _____

2. _____

3. _____

2. MONAT: WÖCHENTLICHE ZIEL-CHECKLISTE

MEINE PERSÖNLICHEN ZIELE FÜR WOCHE ZWEI

1. _____

2. _____

3. _____

MEINE BERUFLICHEN ZIELE FÜR WOCHE ZWEI

1. _____

2. _____

3. _____

2. MONAT: WÖCHENTLICHE ZIEL-CHECKLISTE

MEINE PERSÖNLICHEN ZIELE FÜR WOCHE DREI

1. _____

2. _____

3. _____

MEINE BERUFLICHEN ZIELE FÜR WOCHE DREI

1. _____

2. _____

3. _____

2. MONAT: WÖCHENTLICHE ZIEL-CHECKLISTE

MEINE PERSÖNLICHEN ZIELE FÜR WOCHE VIER

1. _____

2. _____

3. _____

MEINE BERUFLICHEN ZIELE FÜR WOCHE VIER

1. _____

2. _____

3. _____

MEIN MONATSRÜCKBLICK ERFOLGSPRINZIP: DIE MASTERMIND-ALLIANZ

DIE PERSÖNLICHEN ZIELE, DIE ICH ERREICHT HABE

Persönliche Bestandsaufnahme:

Habe ich erreicht, was ich mir im 2. Monat vorgenommen habe?

_____
_____
_____
_____
_____

Welche persönlichen Ziele des 2. Monats muss ich korrigieren und auf den nächsten Monat übertragen?

_____
_____
_____
_____
_____

MEIN MONATSRÜCKBLICK ERFOLGSPRINZIP: DIE MASTERMIND-ALLIANZ

DIE BERUFLICHEN ZIELE, DIE ICH ERREICHT HABE

Persönliche Bestandsaufnahme:

Habe ich erreicht, was ich mir im 2. Monat vorgenommen habe?

Welche beruflichen Ziele des 2. Monats muss ich korrigieren und auf den nächsten Monat übertragen?

Habe ich TÄGLICH Maßnahmen ergriffen,
die mich meinem konkreten Hauptziel näherbringen?

_____
_____
_____
_____
_____

Wie habe ich mein Versprechen erfüllt,
das Prinzip der Mastermind-Allianz anzuwenden?

_____
_____
_____
_____
_____

Habe ich ein konkretes Hauptziel für mein Leben gewählt?

_____
_____
_____
_____
_____

Habe ich es schriftlich festgehalten?

Habe ich einen detaillierten Plan entworfen, um dieses Ziel zu erreichen?

Habe ich festgelegt, was ich im Gegenzug zu geben bereit bin?

NOTIZEN

NOTIZEN

3. Monat:

ANGEWANDTER GLAUBE

Angewandter Glaube ... die Nutzung der von der grenzenlosen Weisheit verliehenen Macht, zugunsten eines konkreten Hauptziels.

Glaube ist keine passive, sondern eine aktive Geisteshaltung und beschreibt den Prozess des Geistes, sich mit dem ewigen Plan des Universums zu identifizieren. Der Glaube entwickelt sich durch die Konditionierung Ihres Geistes auf den Empfang der grenzenlosen Weisheit.

Angewandter Glaube bedeutet HANDELN – genauer gesagt, die Gewohnheit, Ihren Glauben unter allen Umständen anzuwenden. Gemeint ist der Glaube an Ihren Gott ... an sich selbst ... an die Menschheit ... und die begrenzten Chancen, die Ihnen zur Verfügung stehen.

Zu glauben, ohne zu handeln, ist fruchtlos. Der Glaube ist die Kunst, unseren GLAUBEN DURCH UNSER TUN AUSZUDRÜCKEN. Glaube ist das Ergebnis beständigen HANDELNS. Furcht und Zweifel sind die Kehrseite des Glaubens. Positiv angewendet, ist der Glaube der Schlüssel, der uns in direkten Kontakt mit der grenzenlosen Weisheit bringt.

Angewandt auf Ihr Lebensziel, ist der Glaube die Energie, die Sie dazu bringt, Ihre Gedanken in die Tat umzusetzen. Ohne den Glauben werden Hindernisse zu unüberwindlichen Hürden und geben Ihnen eine Ausrede, um aufzugeben.

Don M. Green

Mein Versprechen, dieses Prinzip in meinem Leben anzuwenden, manifestiert sich in den folgenden Punkten:

MEINE PERSÖNLICHEN ZIELE FÜR DEN 3. MONAT

1. _____

2. _____

3. _____

MEINE BERUFLICHEN ZIELE FÜR DEN 3. MONAT

1. _____

2. _____

3. _____

WENN

*Wenn in der Stille dieser Nacht,
Wenn Dunkelheit die Welt drückt sacht,
Wenn alles ist ruhig ist, schlafesstill
Wenn Erinnerung mich quälen will,
Wenn ich die Stund allein verbringen kann,
Und den ich nie kannte dann finde,
den Mann
Wenn wir uns dann gegenüber sind
Und Zwiesprache halten kann geschwind;*

*Wenn mein eigenes Schicksal ich klar
vor mir sehe,
Und wirklich bemessen kann, wo ich stehe,
Wenn prüfend in mein Herz ich blicke
Und sehe den Wert meiner Lebensgeschicke;
Wenn mein Auge die zurückliegende
Straße überflog,
Und zählte, wie oft ich mich meinen
Pflichten entzog,
Und alle verschwendeten Stunden maß,
in denen mein Tun keine Dauer besaß.*

*Wenn ich den Frevel kann gestehen
Wie wertlos ich ließ meine Zeit vergehen,
Wenn ich kann klar die Wahrheit erdulden,
Dann sollte und kann ich ertragen
die Schulden
Wenn ich verstehe wie es kam,
Dass ich so viele falsche Schritte unternahm;
Wenn ich häufe auf einen Stapel alsdann
Meine Fehler, die Früchte, die ich ernten
kann;*

*Und wissend wer ich bin kann sagen
»Ab jetzt, von heut an, ohne Klagen
Werd ich arbeiten, dienen und gewinnen;
einen besseren Menschen formen, in
mir drinnen"
Wenn ich also schalte ein das Licht,
Die Fehler, die ich hatte, man findet sie nicht
Stattdessen werd ich erkennen den Mann,
den Gott mir bestimmt hat zu sein sodann.*

JAMES H. HERON

ANGEWANDTER GLAUBE

> Tägliche Gedankenstarter für den 3. Monat

1. _____

Zu glauben, ohne zu handeln, ist fruchtlos.

2. _____

Ich sollte dankbar für meine Segnungen sein!

3. _____

Ich schließe die Tür der Angst hinter mir, um zu sehen, wie schnell sich die Tür zum Glauben vor mir öffnet.

4. _____

Die größte Kraft des Menschen liegt in der Kraft des Gebets.

5. _____

Ein Mensch, der mit sich selbst im Reinen ist, ist auch mit der Welt im Reinen.

6. _____

Glaube und Angst können nicht gleichzeitig in meinem Herzen existieren.

7. *Tun Sie es jetzt! Füllen Sie die Checkliste Ihrer Wochenziele aus.*

Ich lebe mein Heute so, dass ich dem Morgen ohne mit der Wimper zu zucken in die Augen sehen kann.

ANGEWANDTER GLAUBE

> **Tägliche Gedankenstarter für den 3. Monat**

Die wichtigste Zutat des Erfolgs ist der Glaube an mich selbst.

Wir müssen eine Brücke für diejenigen bauen, die nach uns kommen werden.

Die erfolgreichsten Ärzte mischen Hoffnung und Glauben in die Medizin, die sie verschreiben.

Freiheit und Angst können in meinem Leben nicht koexistieren.

Laute Drohungen deuten oft auf ausgeprägte Ängste hin.

Niemand kann ohne meine Zustimmung meinen Glauben an irgendetwas zerstören.

Der Glaube braucht ein Fundament, auf dem er stehen kann. Angst hat keine Grundlage.

8. _____

9. _____

10. _____

11. _____

12. _____

13. _____

14. *Tun Sie es jetzt! Füllen Sie die Checkliste Ihrer Wochenziele aus.*

ANGEWANDTER GLAUBE

> Tägliche Gedankenstarter für den 3. Monat

15. _____

16. _____

17. _____

18. _____

19. _____

20. _____

21. *Tun Sie es jetzt! Füllen Sie die Checkliste Ihrer Wochenziele aus.*

Glaube – ein Geisteszustand, der das Wort »unmöglich« obsolet macht.

Das größte aller Wunder ist die Kraft des einfachen Glaubens.

Das Unglück wagt sich nicht an Menschen heran, deren ständige Leibwächter die Hoffnung und der Glaube sind.

Glück findet man im Tun – nicht im bloßen Besitzen.

Angst ist die kostspieligste aller menschlichen Emotionen.

Die meisten Ängste gründen nicht auf Fakten.

Den Menschen, der sich selbst fürchtet, muss ich nicht fürchten – es sei denn, ich bin dieser Mensch.

ANGEWANDTER GLAUBE

Tägliche Gedankenstarter für den 3. Monat

Der Glaube wird aus der Zielstrebigkeit geboren, die mit einer positiven Geisteshaltung einhergeht.

Glaube zuallererst immer an dich selbst.

Wenn meine Hoffnungen für die Zukunft nicht heller sind als mein Bedauern gegenüber der Vergangenheit, dann lebe ich nicht richtig.

Menschen mit einem reinen Gewissen fürchten nur selten etwas.

Weder ein Hund noch ein Maultier haben irgendeinen Respekt vor dem Menschen, der sich vor ihnen fürchtet.

Der Glaube wird durch seine Anwendung niemals kleiner, sondern vielmehr größer.

Die Fehler des Menschen sind ziemlich gleichmäßig unter uns verteilt.

22. ⎯⎯⎯⎯⎯⎯⎯⎯⎯⎯⎯⎯⎯⎯⎯⎯⎯⎯⎯⎯⎯⎯⎯⎯⎯⎯

23. ⎯⎯⎯⎯⎯⎯⎯⎯⎯⎯⎯⎯⎯⎯⎯⎯⎯⎯⎯⎯⎯⎯⎯⎯⎯⎯

24. ⎯⎯⎯⎯⎯⎯⎯⎯⎯⎯⎯⎯⎯⎯⎯⎯⎯⎯⎯⎯⎯⎯⎯⎯⎯⎯

25. ⎯⎯⎯⎯⎯⎯⎯⎯⎯⎯⎯⎯⎯⎯⎯⎯⎯⎯⎯⎯⎯⎯⎯⎯⎯⎯

26. ⎯⎯⎯⎯⎯⎯⎯⎯⎯⎯⎯⎯⎯⎯⎯⎯⎯⎯⎯⎯⎯⎯⎯⎯⎯⎯

27. ⎯⎯⎯⎯⎯⎯⎯⎯⎯⎯⎯⎯⎯⎯⎯⎯⎯⎯⎯⎯⎯⎯⎯⎯⎯⎯

28. *Tun Sie es jetzt! Füllen Sie die Checkliste Ihrer Wochenziele aus.*

ANGEWANDTER GLAUBE

29. _____

30. _____

31. *Tun Sie es jetzt! Füllen Sie die Checkliste Ihrer Wochenziele aus.*

Tägliche Gedankenstarter für den 3. Monat

Die Hoffnung und der Glaube sind die willigen Diener erfolgreicher Menschen.

Das Pech scheint diejenigen zu bevorzugen, die es fürchten.

Der Glaube ist die Kunst, sich durch unser Tun auszudrücken.

3. MONAT: WÖCHENTLICHE ZIEL-CHECKLISTE

MEINE PERSÖNLICHEN ZIELE FÜR WOCHE EINS

1. _____

2. _____

3. _____

MEINE BERUFLICHEN ZIELE FÜR WOCHE EINS

1. _____

2. _____

3. _____

3. MONAT: WÖCHENTLICHE ZIEL-CHECKLISTE

MEINE PERSÖNLICHEN ZIELE FÜR WOCHE ZWEI

1. _____

2. _____

3. _____

MEINE BERUFLICHEN ZIELE FÜR WOCHE ZWEI

1. _____

2. _____

3. _____

3. MONAT: WÖCHENTLICHE ZIEL-CHECKLISTE

MEINE PERSÖNLICHEN ZIELE FÜR WOCHE DREI

1. _____

2. _____

3. _____

MEINE BERUFLICHEN ZIELE FÜR WOCHE DREI

1. _____

2. _____

3. _____

3. MONAT: WÖCHENTLICHE ZIEL-CHECKLISTE

MEINE PERSÖNLICHEN ZIELE FÜR WOCHE VIER

1. _____
   _____

2. _____
   _____

3. _____
   _____

MEINE BERUFLICHEN ZIELE FÜR WOCHE VIER

1. _____
   _____

2. _____
   _____

3. _____
   _____

MEIN MONATSRÜCKBLICK ERFOLGSPRINZIP: ANGEWANDTER GLAUBE

DIE PERSÖNLICHEN ZIELE, DIE ICH ERREICHT HABE

Persönliche Bestandsaufnahme:

Habe ich erreicht, was ich mir im 3. Monat vorgenommen habe?

_____
_____
_____
_____
_____

Welche persönlichen Ziele des 3. Monats muss ich korrigieren und auf den nächsten Monat übertragen?

_____
_____
_____
_____
_____

MEIN MONATSRÜCKBLICK ERFOLGSPRINZIP: ANGEWANDTER GLAUBE

DIE BERUFLICHEN ZIELE, DIE ICH ERREICHT HABE

Persönliche Bestandsaufnahme:

Habe ich erreicht, was ich mir im 3. Monat vorgenommen habe?

_____
_____
_____
_____
_____

Welche beruflichen Ziele des 3. Monats muss ich korrigieren und auf den nächsten Monat übertragen?

_____
_____
_____
_____
_____

ANGEWANDTER GLAUBE

Habe ich TÄGLICH Maßnahmen ergriffen,
die mich meinem konkreten Hauptziel näherbringen?

___

___

___

Wie habe ich mein Versprechen erfüllt,
das Prinzip des angewandten Glaubens zu praktizieren?

___

___

___

Habe ich ein konkretes Hauptziel für mein Leben gewählt?

___

___

___

Habe ich es schriftlich festgehalten?

Habe ich einen detaillierten Plan entworfen, um dieses Ziel zu erreichen?

Habe ich festgelegt, was ich im Gegenzug zu geben bereit bin?

NOTIZEN

NOTIZEN

4. Monat:

MEHR ALS VERLANGT TUN

Mehr als verlangt tun ... das heißt, mehr und Besseres zu leisten, als es Ihrer Bezahlung entspricht – und für diese Investition früher oder später mit Zinseszins entlohnt zu werden. Denn jede Saat, die Sie in Form eines hilfreichen Dienstes ausbringen, wird sich unweigerlich vervielfältigen und in überwältigender Fülle zu Ihnen zurückkommen.

Wenn Sie dieses Prinzip mit der richtigen Geisteshaltung und ohne die Erwartung einer sofortigen Entlohnung anwenden, wird Ihre Vergütung wesentlich größer ausfallen als Ihre Investition.

$$Q + Q + GH = V$$

Die Qualität Ihrer zusätzlich geleisteten Dienste addiert mit Ihrer Quantität und der Geisteshaltung, mit der Sie sie leisten, summiert sich zu der Vergütung, die Sie im Leben erhalten, sowie zu dem Platz, den Sie daraufhin in den Herzen Ihrer Mitmenschen einnehmen werden.

Tun Sie mehr als verlangt – mit einer positiven Geisteshaltung (PGH).

―――― ∼ ――――

Mehr als verlangt tun ist ein Prinzip, das Sie als Geisteshaltung übernehmen und zu einer alltäglichen Gewohnheit machen sollten.

Don M. Green

Mein Versprechen, dieses Prinzip in meinem Leben anzuwenden, manifestiert sich in den folgenden Punkten:

MEINE PERSÖNLICHEN ZIELE FÜR DEN 4. MONAT

1. _____

2. _____

3. _____

MEINE BERUFLICHEN ZIELE FÜR DEN 4. MONAT

1. _____

2. _____

3. _____

GUTE TATEN

Wie weit die kleine Kerze Schimmer wirft, so scheint die gute Tat in arger Welt.
Der Himmel benutzt uns so wie wir Fackeln gebrauchen,
Die ja auch nicht für sich selbst brennen sollen. Und wenn unsere Vorzüge
nicht andere erhellen, ist es so,
als hätten wir gar keine.

WILLIAM SHAKESPEARE

MEHR ALS VERLANGT TUN

| | Tägliche Gedankenstarter für den 4. Monat |

1. _____

Positive und optimistische Gedanken verbessern meine Stimmung.

2. _____

Wenn ich wirklich erfolgreich sein will, muss ich bereit sein, mehr als verlangt zu tun.

3. _____

Dem Mann, der gerade genug arbeitet, um sein Auskommen zu sichern, gelingt nur selten mehr als die Sicherung seines Auskommens.

4. _____

Mein GROSSER ERFOLG stellt sich ein, wenn ich mehr als verlangt getan habe.

5. _____

Mehr als verlangt tun, ist eine Gewohnheit und eine Lebenseinstellung.

6. _____

Das Ende des Regenbogens erreiche ich, wenn ich mehr als verlangt tue.

7. *Tun Sie es jetzt! Füllen Sie die Checkliste Ihrer Wochenziele aus.*

Arbeiten Sie, als gehöre das Unternehmen Ihnen – dann könnte es eines Tages tatsächlich Ihr Eigen werden.

| **Tägliche Gedankenstarter für den 4. Monat** |

Die beste Entschädigung für unser Tun ist die Möglichkeit, noch mehr tun zu können.

Wer nicht bereit ist, persönliche Opfer zu bringen, kommt nicht zu Erfolg.

Wenn ich selbst keine großen Dinge tun kann, kann ich kleine Dinge auf eine großartige Weise tun.

Große Leistung entspringt großer Mühe.

Je mehr ich gebe, desto mehr kommt zu mir zurück.

Ein Friedensstifter schneidet immer besser ab als ein Unruhestifter.

Jedes Mal, wenn ich mehr als verlangt tue, sichere ich mir die Schuldigkeit eines anderen Menschen.

MEHR ALS VERLANGT TUN

8. _____

9. _____

10. _____

11. _____

12. _____

13. _____

14. *Tun Sie es jetzt! Füllen Sie die Checkliste Ihrer Wochenziele aus.*

MEHR ALS VERLANGT TUN

15. _____

16. _____

17. _____

18. _____

19. _____

20. _____

21. *Tun Sie es jetzt! Füllen Sie die Checkliste Ihrer Wochenziele aus.*

> **Tägliche Gedankenstarter für den 4. Monat**

Ich kann nicht jeden Menschen dazu bringen, mich zu mögen, aber ich kann ihn um einen triftigen Grund berauben, mich nicht zu mögen.

Die wichtigste Aufgabe ist es, zu lernen, wie man ohne Spannungen verhandelt.

Wenn ich mehr tue als das, wofür ich bezahlt werde, wird man mir früher oder später bereitwillig mehr bezahlen, als mein Tun verlangt.

Beginnen Sie, mehr als verlangt zu tun, und Ihr Weg wird fortan von Chancen gesäumt sein.

Der beste Weg, sich Gefälligkeiten zu sichern, besteht darin, sie zu erweisen.

Es ist profitabler, ein Geber zu sein als ein Nehmer.

Glückliche Zufälle sind planbar.

MEHR ALS VERLANGT TUN

Tägliche Gedankenstarter für den 4. Monat

Ich lasse meine positiven Gefühle für mich arbeiten!

Klagen mögen berechtigt sein, aber sie lohnen sich nicht!

Mut ist der Angst oft nur einen Sprung voraus!

Die beste aller Schulen ist bekannt als die harte Schule des Lebens.

Nur Armeeoffiziere erzielen mit Befehlen bessere Ergebnisse als mit Bitten.

Früher oder später wird die Welt erkennen, wer Sie wirklich sind, und Sie dafür belohnen oder bestrafen.

Je mehr mir für nichts versprochen wird, desto weniger werde ich für etwas bekommen.

22. _____

23. _____

24. _____

25. _____

26. _____

27. _____

28. *Tun Sie es jetzt! Füllen Sie die Checkliste Ihrer Wochenziele aus.*

MEHR ALS VERLANGT TUN

> Tägliche Gedankenstarter für den 4. Monat

29. _____

30. _____

31. *Tun Sie es jetzt! Füllen Sie die Checkliste Ihrer Wochenziele aus.*

Zu versuchen, etwas zu bekommen, ohne zuerst etwas zu geben, ist genauso wenig erfolgsträchtig wie der Versuch, zu ernten, ohne etwas gesät zu haben.

Das Leben hat die Gewohnheit, mir das zu geben, was ich zu verdienen glaube.

Es ist nicht die Niederlage, es ist meine Einstellung dazu, die mir einen Schlag versetzen kann.

4. MONAT: WÖCHENTLICHE ZIEL-CHECKLISTE

MEINE PERSÖNLICHEN ZIELE FÜR WOCHE EINS

1. _____

2. _____

3. _____

MEINE BERUFLICHEN ZIELE FÜR WOCHE EINS

1. _____

2. _____

3. _____

4. MONAT: WÖCHENTLICHE ZIEL-CHECKLISTE

MEINE PERSÖNLICHEN ZIELE FÜR WOCHE ZWEI

1.

2.

3.

MEINE BERUFLICHEN ZIELE FÜR WOCHE ZWEI

1.

2.

3.

4. MONAT:
WÖCHENTLICHE ZIEL-CHECKLISTE

MEINE PERSÖNLICHEN ZIELE FÜR WOCHE DREI

1. _____

2. _____

3. _____

MEINE BERUFLICHEN ZIELE FÜR WOCHE DREI

1. _____

2. _____

3. _____

4. MONAT: WÖCHENTLICHE ZIEL-CHECKLISTE

MEINE PERSÖNLICHEN ZIELE FÜR WOCHE VIER

1. _____

2. _____

3. _____

MEINE BERUFLICHEN ZIELE FÜR WOCHE VIER

1. _____

2. _____

3. _____

MEIN MONATSRÜCKBLICK ERFOLGSPRINZIP: MEHR ALS VERLANGT TUN

DIE PERSÖNLICHEN ZIELE, DIE ICH ERREICHT HABE

Persönliche Bestandsaufnahme:

Habe ich erreicht, was ich mir im 4. Monat vorgenommen habe?

Welche persönlichen Ziele des 4. Monats muss ich korrigieren und auf den nächsten Monat übertragen?

MEIN MONATSRÜCKBLICK ERFOLGSPRINZIP: MEHR ALS VERLANGT TUN

DIE BERUFLICHEN ZIELE, DIE ICH ERREICHT HABE

Persönliche Bestandsaufnahme:

Habe ich erreicht, was ich mir im 4. Monat vorgenommen habe?

_____
_____
_____
_____
_____

Welche beruflichen Ziele des 4. Monats muss ich korrigieren und auf den nächsten Monat übertragen?

_____
_____
_____
_____
_____

Habe ich TÄGLICH Maßnahmen ergriffen,
die mich meinem konkreten Hauptziel näherbringen?

_____

_____

_____

_____

_____

Wie habe ich mein Versprechen erfüllt,
das Prinzip mehr als verlangt tun anzuwenden?

_____

_____

_____

_____

_____

Habe ich ein konkretes Hauptziel für mein Leben gewählt?

_____

_____

_____

_____

_____

Habe ich es schriftlich festgehalten?

Habe ich einen detaillierten Plan entworfen, um dieses Ziel zu erreichen?

Habe ich festgelegt, was ich im Gegenzug zu geben bereit bin?

NOTIZEN

NOTIZEN

5. Monat:

EINE GEWINNENDE PERSÖNLICHKEIT

Eine gewinnende Persönlichkeit ... die Gesamtheit aller angenehmen, erfreulichen und liebenswerten Eigenschaften eines Menschen.

Ihre Persönlichkeit offenbart, wie Sie denken, welchen ethischen Grundsätzen Sie folgen und welche Art von Leben Sie führen. Sie ist Ihr größtes Kapital oder Ihre größte Bürde, die alles einschließt, das unter Ihrer Kontrolle steht: Ihren Geist, Ihren Körper und Ihre Seele. Eine gewinnende Persönlichkeit kann jeder entwickeln, der bereit ist, den Preis dafür zu bezahlen: die aufrichtige und ehrliche Liebe zu unseren Mitmenschen.

Ihre Persönlichkeit, das sind Sie selbst. Sie bestimmt die Natur Ihrer Gedanken, Taten, Beziehungen zu anderen und legt die Grenzen des Raumes fest, den Sie in der Welt einnehmen. Es ist wichtig, dass Sie eine gewinnende Persönlichkeit entwickeln – gegenüber sich selbst und anderen.

Eine Persönlichkeit, mit der Sie die Zuneigung Ihrer Mitmenschen gewinnen, ist eine Eigenschaft, die Sie entwickeln können. Sie können sämtliche Aspekte Ihrer Persönlichkeit im Laufe Ihres Lebens verbessern und auf diese Weise gleichzeitig Ihren Erfolg steigern.

Don M. Green

5. MONAT

Mein Versprechen, dieses Prinzip in meinem Leben anzuwenden, manifestiert sich in den folgenden Punkten:

MEINE PERSÖNLICHEN ZIELE FÜR DEN 5. MONAT

1. _____
   _____

2. _____
   _____

3. _____
   _____

MEINE BERUFLICHEN ZIELE FÜR DEN 5. MONAT

1. _____
   _____

2. _____
   _____

3. _____
   _____

SEI DAS BESTE, WAS IMMER DU BIST

Wenn du keine Kiefer sein kannst auf dem Hügel,
Sei ein Busch im Tal – aber sei der schönste kleine Busch am Ufer des Bachs.
Sei ein Busch, wenn du kein Baum sein kannst.

Wenn du kein Busch sein kannst, sei ein Büschel Gras, und steh heiter am Straßenrand.
Wenn du kein Hecht sein kannst, sei einfach ein Barsch, aber der munterste Barsch im See.

Nicht nur Kapitän, auch Mannschaft muss sein, für alle von uns ist Platz.
Viel Arbeit ist zu tun und wenig, doch die Pflichten, die wir haben, sind gleich.

Wenn du keine Straße sein kannst, sei nur ein Pfad. Wenn du die Sonne nicht sein kannst,
so sei ein Stern.
Es ist nicht die Größe, nach der du siegst oder fällst. Sei das Beste, was immer du bist.

Douglas Malloch

EINE GEWINNENDE PERSÖNLICHKEIT

> **Tägliche Gedankenstarter für den 5. Monat**

1. _____

2. _____

3. _____

4. _____

5. _____

6. _____

7. *Tun Sie es jetzt! Füllen Sie die Checkliste Ihrer Wochenziele aus.*

Ein findiger Mensch wird immer eine Gelegenheit nutzen, um seine Chancen an seine Bedürfnisse anzupassen.

Die Chance wird sich nicht für den Menschen interessieren, der nicht an einer Chance interessiert ist.

Tun Sie es jetzt!!!

Nur eine Sache zieht Liebe an, und das ist die Liebe selbst.

Die Leute mögen mich lieber, wenn ich sie mit einem Lächeln begrüße, statt mit einem Stirnrunzeln.

Der gewohnheitsmäßige Zögerer ist stets ein Experte für das Erfinden von Ausreden.

Drei kleine Worte – »Ich bitte Sie.« – tragen die Macht großen Charmes in sich.

EINE GEWINNENDE PERSÖNLICHKEIT

Tägliche Gedankenstarter für den 5. Monat

Selbstachtung ist das beste Mittel, um auch von anderen geachtet zu werden.

Es braucht mehr als eine laute Stimme, um sich den Respekt von Autoritäten zu verschaffen.

Die Tür, die zu Chancen führt, schwingt in zwei Richtungen – sie kann sich öffnen oder schließen.

Ein Drache fliegt gegen und nicht mit dem Wind.

Mein Tonfall transportiert meine Gedanken oft klarer als meine Worte.

Jeder kann aufgeben, wenn es schwierig wird, aber ein Vollblut gibt niemals auf, bis es gewinnt.

Verlässlichkeit ist der zentrale Grundstein eines guten Charakters.

8. _____

9. _____

10. _____

11. _____

12. _____

13. _____

14. *Tun Sie es jetzt! Füllen Sie die Checkliste Ihrer Wochenziele aus.*

EINE GEWINNENDE PERSÖNLICHKEIT

> Tägliche Gedankenstarter für den 5. Monat

Der Mensch, der seine Worte mit Bedacht wählt, findet größeres Gehör.

15. _____

Tun Sie es jetzt! Füllen Sie die Checkliste Ihrer Wochenziele aus.

5. MONAT: WÖCHENTLICHE ZIEL-CHECKLISTE

MEINE PERSÖNLICHEN ZIELE FÜR WOCHE EINS

1. _____
2. _____
3. _____

MEINE BERUFLICHEN ZIELE FÜR WOCHE EINS

1. _____
2. _____
3. _____

5. MONAT: WÖCHENTLICHE ZIEL-CHECKLISTE

MEINE PERSÖNLICHEN ZIELE FÜR WOCHE ZWEI

1. _____

2. _____

3. _____

MEINE BERUFLICHEN ZIELE FÜR WOCHE ZWEI

1. _____

2. _____

3. _____

MEIN MONATSRÜCKBLICK ERFOLGSPRINZIP: EINE GEWINNENDE PERSÖNLICHKEIT

DIE PERSÖNLICHEN ZIELE, DIE ICH ERREICHT HABE

Persönliche Bestandsaufnahme:

Habe ich erreicht, was ich mir im 5. Monat vorgenommen habe?

Welche persönlichen Ziele des 5. Monats muss ich korrigieren und auf den nächsten Monat übertragen?

MEIN MONATSRÜCKBLICK ERFOLGSPRINZIP: EINE GEWINNENDE PERSÖNLICHKEIT

DIE BERUFLICHEN ZIELE, DIE ICH ERREICHT HABE

Persönliche Bestandsaufnahme:

Habe ich erreicht, was ich mir im 5. Monat vorgenommen habe?

_____
_____
_____
_____
_____

Welche beruflichen Ziele des 5. Monats muss ich korrigieren und auf den nächsten Monat übertragen?

_____
_____
_____
_____
_____

Habe ich TÄGLICH Maßnahmen ergriffen,
die mich meinem konkreten Hauptziel näherbringen?

———————————————————————————————————————

———————————————————————————————————————

———————————————————————————————————————

———————————————————————————————————————

Wie habe ich mein Versprechen erfüllt,
das Prinzip einer gewinnenden Persönlichkeit anzuwenden?

———————————————————————————————————————

———————————————————————————————————————

———————————————————————————————————————

———————————————————————————————————————

Habe ich ein konkretes Hauptziel für mein Leben gewählt?

———————————————————————————————————————

———————————————————————————————————————

———————————————————————————————————————

———————————————————————————————————————

Habe ich es schriftlich festgehalten?

Habe ich einen detaillierten Plan entworfen, um dieses Ziel zu erreichen?

Habe ich festgelegt, was ich im Gegenzug zu geben bereit bin?

NOTIZEN

NOTIZEN

5. Monat:
EIGENINITIATIVE

Eigeninitiative ... die Fähigkeit, sich selbst zur Planung und Umsetzung von wünschenswertem Handeln zu veranlassen. Eigeninitiative beinhaltet Selbstmotivation und Eigenverantwortung und beschreibt die innere Kraft, von der jegliches HANDELN ausgeht, und die Fähigkeit, Dinge, die man begonnen hat, zu Ende zu bringen. Sie ist der Generator, der unsere Fantasie beflügelt.

Motivation umfasst alles, was uns zum Handeln veranlasst oder eine Entscheidung herbeiführt.

Sie liefert uns ein Motiv, den inneren Drang, der in jedem Einzelnen schlummert und der uns zum HANDELN bewegt, zum Beispiel eine Idee, ein Gefühl, ein Wunsch oder ein Impuls. Wenn Sie Prinzipien kennen, die Sie motivieren können, dann wissen Sie auch, welche Prinzipien andere motivieren können.

Eigeninitiative erfordert stets Mut. Denn nur allzu oft ist die Angst vor Kritik stärker als die Sehnsucht nach dem Erfolg. Nutzen Sie die Kräfte Ihres Geistes, indem Sie sich selbst durch Autosuggestion motivieren.

Jeder Erfolg beginnt immer mit einer Idee und ihrer Umsetzung in die Tat, angetrieben von Eigeninitiative.

Eigeninitiative ist der simple Akt, unaufgefordert die Dinge zu tun, die getan werden müssen.

Don M. Green

Mein Versprechen, dieses Prinzip in meinem Leben anzuwenden,
manifestiert sich in den folgenden Punkten:

MEINE PERSÖNLICHEN ZIELE FÜR DEN 5. MONAT

1. _____
_____

2. _____
_____

3. _____
_____

MEINE BERUFLICHEN ZIELE FÜR DEN 5. MONAT

1. _____
_____

2. _____
_____

3. _____
_____

DIE DINGE, DIE NOCH NIEMAND TAT

*Die Dinge, die noch nie getan,
die sollten Sie versuchen,
Kolumbus träumt vom fernen Strand,
Am Rand der Himmelstuchen.*

*Und sein Herz war mutig, sein Glaube stark
Als neue Gefahren er sucht,
Und die jubelnde Menge keinen Reiz für ihn barg
Noch der Mannschaft Tränen der Furcht.*

*Viele folgen dem bekannten Weg
Der viele Wegweiser barg,
Sie leben und lebten über Jahre hinweg
Mit einem Plan für jeden Tag.*

*Einer erzählt, dass sie sicher sein sollen
Die Schritte auf der Straße, die er wählte,
Und alles, was Sie jemals wissen wollen
sind die Dinge, die er schon erzählte.*

*Ein paar ziehen los ohne Karte und Plan,
an den Ort, wo kein Mensch jemals war,
Die bekannten Wege sie verließen alsdann
Um zu sehn, was noch kein Auge sah.
Es gibt Taten, die woll'n sie alleine tun
Obwohl geprellt und wund und geschlagen,
sie bereiten den Weg für die vielen nun,
Die nichts tun, das niemand tat wagen.*

*Die Dinge, die noch nie getan,
Sind Dinge von großem Wert;
Gehören Sie zu der Herde, die folgt
Oder führen Sie an durch die Erd?
Gehören Sie zu den Seelen,
die ängstlich verzagen
Beim Jubel zweifelnder Massen
oder scheun' Sie weder Triumphe
noch Niederlagen
Um neue Ziele zu erfassen?*

EDGAR A. GUEST

EIGENINITIATIVE

> Tägliche Gedankenstarter für den 5. Monat

16. _____

Jedes Wort, das ich spreche, gibt jemandem die Chance, herauszufinden, wie viel oder wie wenig ich weiß.

17. _____

Freundschaft muss häufig bewiesen werden, um sie am Leben zu erhalten.

18. _____

Sorgen, die ich nicht mit einem Stirnrunzeln vertreiben kann, kann ich mit einem Lachen abschütteln.

19. _____

Eine schlechte Angewohnheit ruiniert oft ein Dutzend guter Angewohnheiten.

20. _____

Lachen ist, als wedele der menschliche Körper mit dem Schwanz.

21. _____

Ich habe schon viele Leute sagen hören, dass sie einem Menschen, der während der Arbeit pfeift oder singt, niemals misstrauen.

22. *Tun Sie es jetzt! Füllen Sie die Checkliste Ihrer Wochenziele aus.*

Das Leben ist niemals süß für jemanden, der sauer auf die Welt ist.

> **Tägliche Gedankenstarter für den 5. Monat**

Tag für Tag werde ich auf jede erdenkliche Weise immer besser.

Haben Sie schon einmal versucht, wütend zu sein, während Sie lächeln?

Machen Sie andere glücklich, um selbst glücklich zu werden!

Feiglinge gewinnen nie und Gewinner sind niemals feige!

Geduld – Ausdauer – Schweiß: eine unschlagbare Kombination für den Erfolg.

Hass schadet am meisten demjenigen, der hasst.

Wir sind, was unsere Gewohnheiten aus uns machen.

EIGENINITIATIVE

23. _____

24. _____

25. _____

26. _____

27. _____

28. _____

29. *Tun Sie es jetzt! Füllen Sie die Checkliste Ihrer Wochenziele aus.*

EIGENINITIATIVE

30.

31.

Tun Sie es jetzt! Füllen Sie die Checkliste Ihrer Wochenziele aus.

> Tägliche Gedankenstarter für den 5. Monat

Der mit Abstand wichtigste Teil meiner Persönlichkeit ist der, der nicht sichtbar ist.

Ein Freund ist jemand, der alles über Sie weiß und Sie trotzdem mag.

5. MONAT:
WÖCHENTLICHE ZIEL-CHECKLISTE

MEINE PERSÖNLICHEN ZIELE FÜR WOCHE DREI

1. _____

2. _____

3. _____

MEINE BERUFLICHEN ZIELE FÜR WOCHE DREI

1. _____

2. _____

3. _____

5. MONAT: WÖCHENTLICHE ZIEL-CHECKLISTE

MEINE PERSÖNLICHEN ZIELE FÜR WOCHE VIER

1. _____

2. _____

3. _____

MEINE BERUFLICHEN ZIELE FÜR WOCHE VIER

1. _____

2. _____

3. _____

MEIN MONATSRÜCKBLICK ERFOLGSPRINZIP: EIGENINITIATIVE

DIE PERSÖNLICHEN ZIELE, DIE ICH ERREICHT HABE

Persönliche Bestandsaufnahme:

Habe ich erreicht, was ich mir im 5. Monat vorgenommen habe?

_____
_____
_____
_____
_____

Welche persönlichen Ziele des 5. Monats muss ich korrigieren und auf den nächsten Monat übertragen?

_____
_____
_____
_____
_____

MEIN MONATSRÜCKBLICK ERFOLGSPRINZIP: EIGENINITIATIVE

DIE BERUFLICHEN ZIELE, DIE ICH ERREICHT HABE

Persönliche Bestandsaufnahme:

Habe ich erreicht, was ich mir im 5. Monat vorgenommen habe?

_____
_____
_____
_____
_____

Welche beruflichen Ziele des 5. Monats muss ich korrigieren und auf den nächsten Monat übertragen?

_____
_____
_____
_____
_____

EIGENINITIATIVE

Habe ich TÄGLICH Maßnahmen ergriffen,
die mich meinem konkreten Hauptziel näherbringen?

_____

_____

_____

_____

_____

Wie habe ich mein Versprechen erfüllt,
das Prinzip der Eigeninitiative anzuwenden?

_____

_____

_____

_____

_____

Habe ich ein konkretes Hauptziel für mein Leben gewählt?

_____

_____

_____

_____

_____

5. MONAT

Habe ich es schriftlich festgehalten?

Habe ich einen detaillierten Plan entworfen, um dieses Ziel zu erreichen?

Habe ich festgelegt, was ich im Gegenzug zu geben bereit bin?

NOTIZEN

NOTIZEN

6. Monat:
EINE POSITIVE GEISTESHALTUNG

Eine positive Geisteshaltung ... PGH ... ist die Haltung, die sich in den Worten ICH KANN DAS und ICH WERDE ES VERSUCHEN ausdrückt! Sie umschreibt den ehrlichen, konstruktiven Gedanken sowie die richtige Aktion oder Reaktion auf eine Person, eine Situation oder eine Reihe von Umständen.

Nichts Großes wurde jemals ohne eine positive Geisteshaltung erreicht. Da Ihr Erfolg oder Misserfolg im Leben von Ihrer Geisteshaltung bestimmt wird ... DENKEN SIE POSITIV!

Schließen Sie die Tür hinter vergangenen Misserfolgen und unangenehmen Umständen und glauben Sie daran, dass jede Widrigkeit die Saat eines gleichwertigen oder größeren Nutzens in sich trägt. Wenn Sie vor einem Problem stehen, dann seien Sie gewiss, dass es immer eine Lösung gibt, und dass Schwierigkeiten nur verborgene Gelegenheiten sind.

Eine positive Geisteshaltung können Sie durch Selbstdisziplin und Willenskraft entwickeln und aufrechterhalten. Sagen Sie sich stets: »ICH KANN und ICH WERDE.«

Kontrollieren Sie Ihre Umgebung, um alle negativen Einflüsse zu beseitigen und Ihren Geist darauf auszurichten, nur positive Einflüsse aufzunehmen. Ihr Verstand ist das einzige, über das Sie die volle Kontrolle haben. Eine positive Geisteshaltung ist der notwendige Katalysator, um erstrebenswerte Erfolge zu erzielen.

Eine positive Geisteshaltung zu haben bedeutet, niemals eine Niederlage zu akzeptieren, stets das Gute zu sehen, die eigenen Gedanken zu steuern ... und das ersehnte Ziel zu erreichen!

WAHREN SIE STETS DIE RICHTIGE GEISTESHALTUNG – EINE POSITIVE GEISTESHALTUNG!

Nichts übertrifft die Kraft einer positiven Geisteshaltung, um bei der Anwendung der Erfolgsprinzipien die besten Ergebnisse zu erzielen.

Don M. Green

6. MONAT

Mein Versprechen, dieses Prinzip in meinem Leben anzuwenden, manifestiert sich in den folgenden Punkten:

MEINE PERSÖNLICHEN ZIELE FÜR DEN 6. MONAT

1. _____

2. _____

3. _____

MEINE BERUFLICHEN ZIELE FÜR DEN 6. MONAT

1. _____

2. _____

3. _____

DIESE WELT

Diese Welt, in der wir leben,
Ist kaum zu schlagen.
Wir bekommen einen Dorn mit jeder Rose,
Aber duften die Rosen nicht süß!

FRANK L. STANTON

EINE POSITIVE GEISTESHALTUNG

> **Tägliche Gedankenstarter für den 6. Monat**

1. _____

    Niemand kann mich wütend machen, solange ich ihm nicht die Tür zu meinem Geist öffne.

2. _____

    Mein Verstand ist mein Eigen und damit auch die Verantwortung, ihn zu nutzen.

3. _____

    Beginnen Sie jeden Tag mit PGH!

4. _____

    Ich darf niemals denken, dass ich nicht das Zeug dazu habe.

5. _____

    Eine positive Geisteshaltung ist die richtige Haltung.

6. _____

    Notwendigkeit gepaart mit PGH kann Sie zu Erfolg motivieren.

7. *Tun Sie es jetzt! Füllen Sie die Checkliste Ihrer Wochenziele aus.*

    Nur ich selbst kann entscheiden, ob ich eine positive oder negative Geisteshaltung wähle.

EINE POSITIVE GEISTESHALTUNG

Tägliche Gedankenstarter für den 6. Monat

Machen Sie den heutigen Tag zu einem Tag der PGH!

Zufriedenheit ist eine Geisteshaltung.

Mit PGH werde ich es so lange weitermachen, bis ich mein Ziel erreicht habe.

Wenn ich besorgt oder ängstlich bin, muss ich meine Geisteshaltung ändern.

Wenn ich auf meine Worte achte, werden meine Worte auf mich achtgeben.

Ich kann jederzeit der Mensch werden, der ich gerne sein möchte.

Wenn ich mit meinem Erfolg rechne … dann werde ich ihn auch erzielen!

8. _____

9. _____

10. _____

11. _____

12. _____

13. _____

14. *Tun Sie es jetzt! Füllen Sie die Checkliste Ihrer Wochenziele aus.*

EINE POSITIVE GEISTESHALTUNG

15. _____

16. _____

17. _____

18. _____

19. _____

20. _____

21. *Tun Sie es jetzt! Füllen Sie die Checkliste Ihrer Wochenziele aus.*

> **Tägliche Gedankenstarter für den 6. Monat**

Wir wurden alle mit einer positiven Einstellung geboren … unsere negative Einstellung haben wir erst später erlernt.

Wenn ich nach dem Guten in anderen Menschen suche, werden sie auch nach dem Guten in mir suchen. Das Gleiche gilt für das Schlechte.

Meine Geisteshaltung kann mich krankmachen – und sie kann mich heilen.

Ein junger Geist hält auch den Körper jung.

Genau wie sich unsere Taten irgendwann rächen, rächen sich auch unsere negativen Gedanken. Ich achte auf das, was ich in die Welt trage.

Ein gut trainierter Geist arbeitet auch, während der physische Körper schläft.

Nur ein offener Geist kann wachsen.

EINE POSITIVE GEISTESHALTUNG

Tägliche Gedankenstarter für den 6. Monat

Kluge Menschen denken zweimal nach, bevor sie einmal sprechen.

Ich fühle mich gesund! Ich fühle mich glücklich! Ich fühle mich großartig!

Ich verschließe die Tür meines Geistes vor negativen Gedanken und öffne sie für neue Chancen.

Die meisten Stolpersteine sind das Werk eines negativen Geistes.

Probleme suchen meist denjenigen heim, der sie eingeladen hat.

Zu viel Selbstvertrauen bedingt oft zu wenig Vorsicht.

Machen Sie Ihre Sache gut, oder machen Sie Platz … aber machen Sie niemals Ausflüchte.

22. _____

23. _____

24. _____

25. _____

26. _____

27. _____

28. *Tun Sie es jetzt! Füllen Sie die Checkliste Ihrer Wochenziele aus.*

EINE POSITIVE GEISTESHALTUNG

| | Tägliche Gedankenstarter für den 6. Monat |

29. _____

An der Spitze der Erfolgsleiter ist nie viel los.

30. _____

Mein Leben kann mir nichts bieten, solange ich nicht ganz genau weiß, was ich haben will.

31. *Tun Sie es jetzt! Füllen Sie die Checkliste Ihrer Wochenziele aus.*

Warte ich darauf, dass der Erfolg zu mir kommt, oder mache ich mich auf den Weg, um ihn zu finden?

6. MONAT: WÖCHENTLICHE ZIEL-CHECKLISTE

MEINE PERSÖNLICHEN ZIELE FÜR WOCHE EINS

1. _____

2. _____

3. _____

MEINE BERUFLICHEN ZIELE FÜR WOCHE EINS

1. _____

2. _____

3. _____

6. MONAT: WÖCHENTLICHE ZIEL-CHECKLISTE

MEINE PERSÖNLICHEN ZIELE FÜR WOCHE ZWEI

1. _____

2. _____

3. _____

MEINE BERUFLICHEN ZIELE FÜR WOCHE ZWEI

1. _____

2. _____

3. _____

6. MONAT: WÖCHENTLICHE ZIEL-CHECKLISTE

MEINE PERSÖNLICHEN ZIELE FÜR WOCHE DREI

1. _____

2. _____

3. _____

MEINE BERUFLICHEN ZIELE FÜR WOCHE DREI

1. _____

2. _____

3. _____

6. MONAT: WÖCHENTLICHE ZIEL-CHECKLISTE

MEINE PERSÖNLICHEN ZIELE FÜR WOCHE VIER

1. _____
2. _____
3. _____

MEINE BERUFLICHEN ZIELE FÜR WOCHE VIER

1. _____
2. _____
3. _____

MEIN MONATSRÜCKBLICK ERFOLGSPRINZIP: EINE POSITIVE GEISTESHALTUNG

DIE PERSÖNLICHEN ZIELE, DIE ICH ERREICHT HABE

Persönliche Bestandsaufnahme:

Habe ich erreicht, was ich mir im 6. Monat vorgenommen habe?

Welche persönlichen Ziele des 6. Monats muss ich korrigieren und auf den nächsten Monat übertragen?

MEIN MONATSRÜCKBLICK ERFOLGSPRINZIP: EINE POSITIVE GEISTESHALTUNG

DIE BERUFLICHEN ZIELE, DIE ICH ERREICHT HABE

Persönliche Bestandsaufnahme:

Habe ich erreicht, was ich mir im 6. Monat vorgenommen habe?

_____
_____
_____
_____
_____

Welche beruflichen Ziele des 6. Monats muss ich korrigieren und auf den nächsten Monat übertragen?

_____
_____
_____
_____
_____

Habe ich TÄGLICH Maßnahmen ergriffen,
die mich meinem konkreten Hauptziel näherbringen?

_____

_____

_____

_____

Wie habe ich mein Versprechen erfüllt,
das Prinzip der positiven Geisteshaltung anzuwenden?

_____

_____

_____

_____

Habe ich ein konkretes Hauptziel für mein Leben gewählt?

_____

_____

_____

_____

Habe ich es schriftlich festgehalten?

Habe ich einen detaillierten Plan entworfen, um dieses Ziel zu erreichen?

Habe ich festgelegt, was ich im Gegenzug zu geben bereit bin?

NOTIZEN

NOTIZEN

7. Monat:
BEGEISTERUNG

Begeisterung ... was Sie dafür brauchen, ist ein Fokus, das Instrument, mit dem Sie die Widrigkeiten, Misserfolge und Ihre zeitweiligen Rückschläge in Tatkraft umwandeln können.

Begeisterung ist Macht.

Ihre Gedanken sind ein Ausdruck von Energie. In negativer Gestalt sind sie genauso mächtig wie in positiver Form.

Jedes negative Gefühl lässt sich in ein positives Gefühl verkehren – das ist der wichtigste Nutzen der Begeisterung.

Sie leben in zwei Welten ... in der Welt Ihrer Geisteshaltung und in der realen Welt. Die reale Welt mag sich Ihrer Kontrolle entziehen, aber Sie können die Umstände Ihrer unmittelbaren Lebenswelt über die Art und Weise beeinflussen, wie Sie Ihre geistige Welt gestalten, über die Sie die vollständige Kontrolle haben. Begeisterung ist die ansteckendste aller menschlichen Emotionen. Sie verfügt über das mächtige Werkzeug der Überzeugungskraft. Wir alle können die Gewohnheit der Begeisterung entwickeln! Alles, was Sie benötigen, sind Konzentration, positive Gedanken und Tatkraft.

Glauben Sie an sich. Seien Sie mit sich selbst im Reinen. Seien Sie von sich selbst begeistert. Erwarten Sie das Beste und Sie werden es erhalten!

»Nichts Großes wurde jemals ohne Begeisterung erreicht« – dieses berühmte Zitat ist eine Lektion, an die wir uns immer wieder aufs Neue erinnern sollten, weil sie positive Ergebnisse hervorbringt.

Don M. Green

Mein Versprechen, dieses Prinzip in meinem Leben anzuwenden, manifestiert sich in den folgenden Punkten:

MEINE PERSÖNLICHEN ZIELE FÜR DEN 7. MONAT

1. _____
   _____

2. _____
   _____

3. _____
   _____

MEINE BERUFLICHEN ZIELE FÜR DEN 7. MONAT

1. _____
   _____

2. _____
   _____

3. _____
   _____

WENN

*Wenn du den Kopf behältst und alle anderen
verlieren ihn und sagen: Du bist schuld!
Wenn keiner dir mehr glaubt, nur du vertraust dir und du erträgst ihr Misstrauen in Geduld
Und wenn du warten kannst und wirst nicht müde und die dich hassen dennoch
weiter liebst,
die dich belügen strafst du nicht mit Lüge und dich trotz Weisheit nicht zu weise gibst*

*Wenn du dich nicht verlierst in deinen Träumen und du nicht ziellos wirst in deinem Geist
wenn du Triumph und Niederlage hinnimmst,
beide Betrüger gleich willkommen heißt
Wenn du die Wahrheit die du mal gesprochen
aus Narrenmäulern umgedreht vernimmst
und siehst dein Lebenswerk vor dir zerbrochen und niederkniest, wenn du es neu beginnst*

*Setzt du deinen Gewinn auf eine Karte
und bist nicht traurig, wenn du ihn verlierst und du beginnst noch einmal ganz von vorne
und sagst kein Wort was du dabei riskierst
Wenn du dein Herz bezwingst und alle Sinne
nur das zu tun was du von dir verlangst, auch wenn du glaubst es gibt nicht mehr da drinnen
außer dem Willen, der dir sagt: Du kannst!*

*Wenn dich die Menge liebt und du noch du bleibst wenn du den König und den Bettler ehrst
wenn dich nicht Feind noch Freund verletzen können
und du die Hilfe niemandem verwehrst
Wenn du in unverzeihlicher Minute sechzig Minuten lang verzeihen kannst: Dein ist die Welt
und alles was darin ist
Und was noch mehr ist dann bist du ein Mensch!*

RUDYARD KIPLING

BEGEISTERUNG

| | Tägliche Gedankenstarter für den 7. Monat |

1. _____

Um begeistert zu sein, … handeln Sie mit Begeisterung!

2. _____

Begeisterung ist ein Baumeister neuer Ideen.

3. _____

Einen Mann, der sich für schlauer hält als andere, können Sie leicht erkennen, aber Sie können ihm nicht viel beibringen.

4. _____

Begeisterung konzentriert die Kräfte unseres Geistes.

5. _____

Niemand ist in der Lage, Befehle zu geben, solange er nicht weiß, wie man Befehle annimmt und ausführt.

6. _____

Wenn die Begeisterung Einzug hält, läuft die Sorge davon.

7. *Tun Sie es jetzt! Füllen Sie die Checkliste Ihrer Wochenziele aus.*

Glück kann man nur finden, indem man anderen hilft, es zu finden.

BEGEISTERUNG

Tägliche Gedankenstarter für den 7. Monat

Die Menschen reagieren auf die Geisteshaltung, die Sie ausstrahlen!

Es ist nicht notwendig, dass andere scheitern, damit Sie erfolgreich sein können.

Begeisterung gedeiht nur mithilfe positiver Gedanken und Taten.

Die Bereitschaft zur Zusammenarbeit ist gleichbedeutend mit einer beständigen Kraft. Die erzwungene Zusammenarbeit ist gleichbedeutend mit Misserfolg.

Sie können nicht erfolgreich sein und bleiben ohne die von Wohlwollen geprägte Zusammenarbeit mit Gleichgesinnten.

Die Begeisterung ist der Spross jeden Beweggrundes.

Ein Mensch ohne Begeisterung ist wie eine Uhr ohne Feder.

8. _____

9. _____

10. _____

11. _____

12. _____

13. _____

14. *Tun Sie es jetzt! Füllen Sie die Checkliste Ihrer Wochenziele aus.*

BEGEISTERUNG

> Tägliche Gedankenstarter für den 7. Monat

15. _____

Die Begeisterung verfügt über das mächtige Werkzeug der Überzeugungskraft.

Tun Sie es jetzt! Füllen Sie die Checkliste Ihrer Wochenziele aus.

7. MONAT: WÖCHENTLICHE ZIEL-CHECKLISTE

MEINE PERSÖNLICHEN ZIELE FÜR WOCHE EINS

1. _____

2. _____

3. _____

MEINE BERUFLICHEN ZIELE FÜR WOCHE EINS

1. _____

2. _____

3. _____

7. MONAT: WÖCHENTLICHE ZIEL-CHECKLISTE

MEINE PERSÖNLICHEN ZIELE FÜR WOCHE ZWEI

1. _____
2. _____
3. _____

MEINE BERUFLICHEN ZIELE FÜR WOCHE ZWEI

1. _____
2. _____
3. _____

MEIN MONATSRÜCKBLICK ERFOLGSPRINZIP: BEGEISTERUNG

DIE PERSÖNLICHEN ZIELE, DIE ICH ERREICHT HABE

Persönliche Bestandsaufnahme:

Habe ich erreicht, was ich mir im 7. Monat vorgenommen habe?

Welche persönlichen Ziele des 7. Monats muss ich korrigieren und auf den nächsten Monat übertragen?

MEIN MONATSRÜCKBLICK ERFOLGSPRINZIP: BEGEISTERUNG

DIE BERUFLICHEN ZIELE, DIE ICH ERREICHT HABE

Persönliche Bestandsaufnahme:

Habe ich erreicht, was ich mir im 7. Monat vorgenommen habe?

Welche beruflichen Ziele des 7. Monats muss ich korrigieren und auf den nächsten Monat übertragen?

BEGEISTERUNG

Habe ich TÄGLICH Maßnahmen ergriffen,
die mich meinem konkreten Hauptziel näherbringen?

_____
_____
_____
_____
_____

Wie habe ich mein Versprechen erfüllt,
das Prinzip der Begeisterung anzuwenden?

_____
_____
_____
_____
_____

Habe ich ein konkretes Hauptziel für mein Leben gewählt?

_____
_____
_____
_____
_____

7. MONAT

Habe ich es schriftlich festgehalten?

Habe ich einen detaillierten Plan entworfen, um dieses Ziel zu erreichen?

Habe ich festgelegt, was ich im Gegenzug zu geben bereit bin?

NOTIZEN

NOTIZEN

7. Monat:
ZUSAMMENARBEIT

Zusammenarbeit ... bereitwillige Kooperation und Koordinierung der Anstrengungen, um ein gemeinsames Ziel zu erreichen.

Durch die koordinierte Anstrengung einzelner Menschen kann große physische Kraft erzeugt werden, doch die Lebensdauer dieser Kraft, ihre Qualität, ihr Umfang und ihre Stärke resultiert aus dem Geist, in dem diese einzelnen Menschen zusammenarbeiten, um ein gemeinschaftliches Ziel zu erreichen. Wer bereitwillig, freiwillig und ohne Zwang auf Zusammenarbeit setzt, erlangt eine Macht, die sehr groß und beständig ist.

Zusammenarbeit bedeutet, einen – gewinnbringenden – Teil von dem, was man hat, mit anderen zu teilen.

―――― ∼ ――――

Um im Leben erfolgreich zu sein, ist es notwendig, die Zusammenarbeit mit anderen einzugehen und zu akzeptieren.

Don M. Green

Mein Versprechen, dieses Prinzip in meinem Leben anzuwenden,
manifestiert sich in den folgenden Punkten:

MEINE PERSÖNLICHEN ZIELE FÜR DEN 7. MONAT

1. _____
2. _____
3. _____

MEINE BERUFLICHEN ZIELE FÜR DEN 7. MONAT

1. _____
2. _____
3. _____

ZUSAMMENARBEIT

*Es sind nicht die Waffen oder die Bewaffnung oder das Geld,
das Sie bezahlen können, es ist die enge Zusammenarbeit,
die Sie siegen lässt.*

*Es ist nicht der Einzelne
Oder die Armee als Ganzes,
Aber die immerwährende Teamarbeit
einer jeden blühenden Seele.*

J. Mason Knox

ZUSAMMENARBEIT

> Tägliche Gedankenstarter für den 7. Monat

16. _____

17. _____

18. _____

19. _____

20. _____

21. _____

22. *Tun Sie es jetzt! Füllen Sie die Checkliste Ihrer Wochenziele aus.*

Erfolgreiche Führungskräfte treffen Entscheidungen schnell, ändern sie jedoch langsam, wenn sie geändert werden müssen.

Begeisterung ist Macht!

Ein weiser Mann achtet mehr auf seine Fehler als auf seine Tugenden.

Kontrollierte Begeisterung ist ein unbezahlbares Gut.

Mischen Sie Ihrer Arbeit Begeisterung bei, und sie wird Ihnen wird nicht schwer oder eintönig erscheinen.

Begeisterung ist ein hohes Gut – sie ist wertvoller als Geld, Macht und Einfluss.

Das Leben mit PGH markiert einen Weg der freundschaftlichen Zusammenarbeit.

ZUSAMMENARBEIT

Tägliche Gedankenstarter für den 7. Monat

Die Fähigkeit, die wohlwollende Unterstützung Gleichgesinnter zu gewinnen, ist ein Zeichen von großer Weisheit.

Echte Begeisterung kommt von innen! Begeistern Sie sich für Ihr Team!

Jeder große Sieg wird auf irgendeine Weise durch freundschaftliche Zusammenarbeit befördert.

Für ein gutes Team ist die harmonische Koordination der Anstrengungen wichtiger als individuelle Fähigkeiten.

Autosuggestion ist ein Mittel, mit dem Sie Ihr Unterbewusstsein beeinflussen können.

Ich bin das größte Wunder der Natur!

Eine von Wohlwollen geprägte Zusammenarbeit bringt mir mehr als feindselige Agitation.

23. _____

24. _____

25. _____

26. _____

27. _____

28. _____

29. *Tun Sie es jetzt! Füllen Sie die Checkliste Ihrer Wochenziele aus.*

ZUSAMMENARBEIT

> Tägliche Gedankenstarter für den 7. Monat

30. _____

31. _____

> Harte Zeiten gehen vorbei, aber Menschen, die hart im Nehmen sind, überdauern die Zeit.

> Je mehr Sie mit anderen teilen, desto reicher werden Sie selbst.

Tun Sie es jetzt! Füllen Sie die Checkliste Ihrer Wochenziele aus.

7. MONAT: WÖCHENTLICHE ZIEL-CHECKLISTE

MEINE PERSÖNLICHEN ZIELE FÜR WOCHE DREI

1. _____
2. _____
3. _____

MEINE BERUFLICHEN ZIELE FÜR WOCHE DREI

1. _____
2. _____
3. _____

7. MONAT: WÖCHENTLICHE ZIEL-CHECKLISTE

MEINE PERSÖNLICHEN ZIELE FÜR WOCHE VIER

1. _____

2. _____

3. _____

MEINE BERUFLICHEN ZIELE FÜR WOCHE VIER

1. _____

2. _____

3. _____

MEIN MONATSRÜCKBLICK ERFOLGSPRINZIP: ZUSAMMENARBEIT

DIE PERSÖNLICHEN ZIELE, DIE ICH ERREICHT HABE

Persönliche Bestandsaufnahme:

Habe ich erreicht, was ich mir im 7. Monat vorgenommen habe?

_____

_____

_____

_____

_____

Welche persönlichen Ziele des 7. Monats muss ich korrigieren und auf den nächsten Monat übertragen?

_____

_____

_____

_____

_____

MEIN MONATSRÜCKBLICK ERFOLGSPRINZIP: ZUSAMMENARBEIT

DIE BERUFLICHEN ZIELE, DIE ICH ERREICHT HABE

Persönliche Bestandsaufnahme:

Habe ich erreicht, was ich mir im 7. Monat vorgenommen habe?

_____

_____

_____

_____

_____

Welche beruflichen Ziele des 7. Monats muss ich korrigieren und auf den nächsten Monat übertragen?

_____

_____

_____

_____

_____

ZUSAMMENARBEIT

Habe ich TÄGLICH Maßnahmen ergriffen,
die mich meinem konkreten Hauptziel näherbringen?

Wie habe ich mein Versprechen erfüllt,
das Prinzip der Zusammenarbeit anzuwenden?

Habe ich ein konkretes Hauptziel für mein Leben gewählt?

Habe ich es schriftlich festgehalten?

Habe ich einen detaillierten Plan entworfen, um dieses Ziel zu erreichen?

Habe ich festgelegt, was ich im Gegenzug zu geben bereit bin?

NOTIZEN

NOTIZEN

8. Monat:

SELBSTBEHERRSCHUNG

Selbstbeherrschung ... heißt, sich seines Geistes zu bemächtigen. Wenn es Ihnen nicht gelingt, sich selbst zu beherrschen, besteht nur wenig Hoffnung, dass Sie irgendetwas oder irgendjemand anderen beherrschen können.

Selbstbeherrschung bedeutet Selbstkontrolle. Alles beginnt damit, dass Sie zunächst Ihre Gedanken kontrollieren müssen, bevor Sie Ihre Taten kontrollieren können.

Selbstdisziplin veranlasst Sie dazu, zuerst zu denken und erst dann auch zu handeln.

Selbstdisziplin versetzt Sie in die Lage, Ihre Gefühle zu kontrollieren, die nichts anderes sind als Ausprägungen Ihrer Geisteshaltung. Gefühle sind mächtig und von wahrhaft explosiver Natur:

Unter Ihrer Kontrolle können sie Ihnen zu großen Erfolgen verhelfen, doch ohne Kontrolle können sie Sie zum Scheitern bringen und in Abgründe stürzen. Es ist unmöglich, die emotionale Natur des Menschen zu eliminieren ... sie ist die treibende Kraft, die uns in die Lage versetzt, unsere Entscheidungen in die Tat umzusetzen.

Selbstdisziplin hilft uns, unsere Geisteshaltung zu kontrollieren und nachzudenken, bevor wir Entscheidungen treffen, die einen profunden Einfluss auf unsere persönliche Zukunft haben.

Don M. Green

Mein Versprechen, dieses Prinzip in meinem Leben anzuwenden, manifestiert sich in den folgenden Punkten:

MEINE PERSÖNLICHEN ZIELE FÜR DEN 8. MONAT

1. _____

2. _____

3. _____

MEINE BERUFLICHEN ZIELE FÜR DEN 8. MONAT

1. _____

2. _____

3. _____

SELBSTBEHERRSCHUNG

DEN TAG VERGEUDEN

*Was heute nicht geschieht,
ist morgen nicht getan,
Und keinen Tag soll man verpassen.
Das Mögliche soll der Entschluss
Beherzt sogleich beim Schopfe fassen.*

JOHANN WOLFGANG VON GOETHE

SELBSTBEHERRSCHUNG

> Tägliche Gedankenstarter für den 8. Monat

1. _____

Schwierigkeiten sind nichts als verborgene Gelegenheiten.

2. _____

Entwickeln Sie Geduld und Ausdauer – entscheiden Sie, was Sie wollen, und Sie werden es bekommen!

3. _____

Keiner kann mich eifersüchtig, wütend oder rachsüchtig machen – es sei denn, ich lasse es zu.

4. _____

Sie haben ein Problem? Das ist gut! Mit PGH sind Widrigkeiten die Saat eines größeren Nutzens.

5. _____

Wenn die Lage Mut erfordert, schreiten die Mutigen zur Tat.

6. _____

Die besten Jobs erhält der Mensch, der sie erledigen kann, ohne Ausflüchte zu erfinden.

7. *Tun Sie es jetzt! Füllen Sie die Checkliste Ihrer Wochenziele aus.*

Wahre Weisheit beginnt mit Selbsterkenntnis und Selbstbeherrschung.

Tägliche Gedankenstarter für den 8. Monat

SELBSTBEHERRSCHUNG

Ihr wahrer Chef ist derjenige, der Ihren Hut trägt.

Sie sind nur dann ein Versager, wenn Sie eine Niederlage als Fakt akzeptieren und aufhören, es weiter zu versuchen.

Wer die Harmonie liebt, weiß für gewöhnlich, wie man sie bewahrt.

Manche Menschen haben gelernt, die Winde von Widrigkeiten zu nutzen, um ihr Schiff durch ihr Leben zu segeln.

Je mehr ich mich selbst beherrsche, desto weniger werden mich andere beherrschen.

Ausdauer ist eine Nebenerscheinung der Selbstbeherrschung.

Selbstbeherrschung ist die erste Regel jeder erfolgreichen Führung.

8. _____

9. _____

10. _____

11. _____

12. _____

13. _____

14. *Tun Sie es jetzt! Füllen Sie die Checkliste Ihrer Wochenziele aus.*

SELBSTBEHERRSCHUNG

> Tägliche Gedankenstarter für den 8. Monat

15.

Wenn Sie so wütend werden, dass Sie nicht wissen, was Sie tun sollen, ist es sicherer, nichts zu tun.

Tun Sie es jetzt! Füllen Sie die Checkliste Ihrer Wochenziele aus.

8. MONAT: WÖCHENTLICHE ZIEL-CHECKLISTE

MEINE PERSÖNLICHEN ZIELE FÜR WOCHE EINS

1. _____
2. _____
3. _____

MEINE BERUFLICHEN ZIELE FÜR WOCHE EINS

1. _____
2. _____
3. _____

8. MONAT: WÖCHENTLICHE ZIEL-CHECKLISTE

MEINE PERSÖNLICHEN ZIELE FÜR WOCHE ZWEI

1. _____

2. _____

3. _____

MEINE BERUFLICHEN ZIELE FÜR WOCHE ZWEI

1. _____

2. _____

3. _____

MEIN MONATSRÜCKBLICK ERFOLGSPRINZIP: SELBSTBEHERRSCHUNG

DIE PERSÖNLICHEN ZIELE, DIE ICH ERREICHT HABE

Persönliche Bestandsaufnahme:

Habe ich erreicht, was ich mir im 8. Monat vorgenommen habe?

Welche persönlichen Ziele des 8. Monats muss ich korrigieren und auf den nächsten Monat übertragen?

MEIN MONATSRÜCKBLICK ERFOLGSPRINZIP: SELBSTBEHERRSCHUNG

DIE BERUFLICHEN ZIELE, DIE ICH ERREICHT HABE

Persönliche Bestandsaufnahme:

Habe ich erreicht, was ich mir im 8. Monat vorgenommen habe?

Welche beruflichen Ziele des 8. Monats muss ich korrigieren und auf den nächsten Monat übertragen?

SELBSTBEHERRSCHUNG

Habe ich TÄGLICH Maßnahmen ergriffen,
die mich meinem konkreten Hauptziel näherbringen?

Wie habe ich mein Versprechen erfüllt,
das Prinzip der Selbstbeherrschung anzuwenden?

Habe ich ein konkretes Hauptziel für mein Leben gewählt?

8. MONAT

Habe ich es schriftlich festgehalten?

Habe ich einen detaillierten Plan entworfen, um dieses Ziel zu erreichen?

Habe ich festgelegt, was ich im Gegenzug zu geben bereit bin?

NOTIZEN

NOTIZEN

8. Monat:
Aus Schwierigkeiten und Niederlagen lernen

Aus Schwierigkeiten und Niederlagen lernen … Für Menschen, die über eine positive Geisteshaltung verfügen und sie anwenden, trägt jede Widrigkeit die Saat eines gleichwertigen oder größeren Nutzens in sich.

Es ist eine Tatsache des Lebens, dass wir alle ein gewisses Maß an Niederlagen erleiden müssen … aber es ist eine noch wichtigere Tatsache, dass sich jede dieser Niederlagen als Sprungbrett oder Stolperstein erweisen kann – abhängig von unserer Geisteshaltung.

Eine Niederlage ist niemals gleichbedeutend mit einem Scheitern, solange sie nicht als solches akzeptiert wird … also sollte Ihre Einstellung »Ich glaube nicht an eine Niederlage« lauten und Sie sollten daran denken, dass die meisten Hindernisse lediglich geistiger Natur sind! Das Schlimmste, das Ihnen passiert, könnte das Beste sein, das Ihnen passieren konnte, sofern Sie sich nicht davon unterkriegen lassen.

---

*Ob Sie Misserfolge als Lektion oder als Niederlage betrachten,
bestimmt den Grad Ihres Erfolgs.*

Don M. Green

Mein Versprechen, dieses Prinzip in meinem Leben anzuwenden, manifestiert sich in den folgenden Punkten:

MEINE PERSÖNLICHEN ZIELE FÜR DEN 8. MONAT

1. _____
2. _____
3. _____

MEINE BERUFLICHEN ZIELE FÜR DEN 8. MONAT

1. _____
2. _____
3. _____

GELEGENHEIT

Die tun mir unrecht, die sagen, ich komme nicht mehr,
Wenn ich einmal klopfe und nicht eintrete;
Denn jeden Tag stehe ich vor deiner Tür,
Und rufe dich wach zu Kampf und Sieg.
Weine nicht um wertvolle Chancen, die vorbeigingen;
Weine nicht den goldenen Zeiten hinterher;
Jede Nacht verbrenne ich die Aufzeichnungen des Tages;
Zum Sonnenaufgang wird jeder neugeboren.
Lache wie ein Junge über die Pracht, die zu dir eilt,
Wegen vergangener Freuden sei blind und taub und stumm;
Mein Urteil versiegelt die Toten mit den Toten,
Doch bindet niemals einen Moment, der noch kommt.

Steckst du im Sumpf, wringe nicht die Hände und weine,
Ich reiche meinen Arm denen, die sagen: »Ich kann!«
Kein beschämter Außenseiter sank je so tief,
Dass er nicht wieder aufsteigen und ein Mann sein kann!
Blickst du mit offenem Mund auf deine verlorene Jugend?
Taumelst vom Schlag des Schicksals?
Dann wende dich ab von den befleckten Archiven der Vergangenheit
Und sieh die Seiten der Zukunft weiß wie Schnee.
Trauerst du? Dann erhebe dich aus diesem Fluch;
Bist du ein Sünder? Sünde kann vergeben werden;
Jeder Morgen verleiht dir Flügel, aus der Hölle zu fliehen;
Jede Nacht leuchtet ein Stern deinen Füßen den Weg zum Himmel.

WALTER MALONE[1]

---

1 Dieses Gedicht mit dem Titel »Opportunity« stammt von Walter Malone. Die deutsche Übersetzung stammt von Philipp Seedorf und wurde dem Titel *Das Gesetz des Erfolgs*, S. 490, entnommen.

AUS SCHWIERIGKEITEN UND NIEDERLAGEN LERNEN

16. _____

17. _____

18. _____

19. _____

20. _____

21. _____

22. *Tun Sie es jetzt! Füllen Sie die Checkliste Ihrer Wochenziele aus.*

> **Tägliche Gedankenstarter für den 8. Monat**
>
> Scheitern ist keine Schande, sofern Sie aufrichtig Ihr Bestes gegeben haben.
>
> Geben Sie nicht auf, wenn es schwierig wird. Wenn Sie aufgeben müssen, dann warten Sie, bis Sie als Gewinner aufgeben können.
>
> Mein Erfolg oder Misserfolg entsteht in meinem eigenen Kopf.
>
> Wenn der erste Plan, den Sie ausprobieren, nicht funktioniert, ersetzen Sie ihn durch einen neuen Plan.
>
> Selbstbeherrschung versetzt Sie in die Lage, die Kontrolle über sich selbst zu übernehmen.
>
> Ein Sieg ist immer möglich, solange ich mich weigere, das Kämpfen einzustellen.
>
> Selbstbeherrschung ist eine Frage der Übernahme konstruktiver Gewohnheiten.

AUS SCHWIERIGKEITEN UND NIEDERLAGEN LERNEN

Tägliche Gedankenstarter für den 8. Monat

Viel Gehalt und wenig Verantwortung sind Umstände, die nur selten gemeinsam eintreffen.

Anstrengung und Arbeit können Spaß machen, wenn ich mir konkrete, erstrebenswerte Ziele setze.

Viele Eltern machen ihren Kindern das Leben schwerer, indem sie versuchen, es ihnen leichter zu machen.

Sie sind ein Geist mit einem Körper!

Wenn Sie Ihr Geld für sich arbeiten lassen, müssen Sie nicht mehr so hart für Ihr Geld arbeiten.

Versuchen Sie nicht, den Kopfschmerz zu kurieren, sondern widmen Sie sich lieber der Bekämpfung seiner Ursache.

Um das Elend der Schulden zu vermeiden, ist kein Opfer zu groß.

23. _____
24. _____
25. _____
26. _____
27. _____
28. _____
29. *Tun Sie es jetzt! Füllen Sie die Checkliste Ihrer Wochenziele aus.*

AUS SCHWIERIGKEITEN UND NIEDERLAGEN LERNEN

30. _____

31. _____

Tun Sie es jetzt! Füllen Sie die Checkliste Ihrer Wochenziele aus.

> Tägliche Gedankenstarter für den 8. Monat

Manche leben, um zu essen. Andere essen, um zu leben, und leben dadurch womöglich besser und länger.

Wenn alles schiefgeht, denken Sie daran, dass es immer noch ein Morgen gibt.

8. MONAT: WÖCHENTLICHE ZIEL-CHECKLISTE

MEINE PERSÖNLICHEN ZIELE FÜR WOCHE DREI

1. _____
2. _____
3. _____

MEINE BERUFLICHEN ZIELE FÜR WOCHE DREI

1. _____
2. _____
3. _____

8. MONAT: WÖCHENTLICHE ZIEL-CHECKLISTE

MEINE PERSÖNLICHEN ZIELE FÜR WOCHE VIER

1. _____

2. _____

3. _____

MEINE BERUFLICHEN ZIELE FÜR WOCHE VIER

1. _____

2. _____

3. _____

MEIN MONATSRÜCKBLICK ERFOLGSPRINZIP: AUS SCHWIERIGKEITEN UND NIEDERLAGEN LERNEN

DIE PERSÖNLICHEN ZIELE, DIE ICH ERREICHT HABE

Persönliche Bestandsaufnahme:

Habe ich erreicht, was ich mir im 8. Monat vorgenommen habe?

_____

_____

_____

_____

_____

Welche persönlichen Ziele des 8. Monats muss ich korrigieren und auf den nächsten Monat übertragen?

_____

_____

_____

_____

_____

MEIN MONATSRÜCKBLICK ERFOLGSPRINZIP: AUS SCHWIERIGKEITEN UND NIEDERLAGEN LERNEN

DIE BERUFLICHEN ZIELE, DIE ICH ERREICHT HABE

Persönliche Bestandsaufnahme:

Habe ich erreicht, was ich mir im 8. Monat vorgenommen habe?

_____
_____
_____
_____
_____

Welche beruflichen Ziele des 8. Monats muss ich korrigieren und auf den nächsten Monat übertragen?

_____
_____
_____
_____
_____

Habe ich TÄGLICH Maßnahmen ergriffen,
die mich meinem konkreten Hauptziel näherbringen?

___

Wie habe ich mein Versprechen erfüllt,
das Prinzip aus Schwierigkeiten und Niederlagen zu lernen anzuwenden?

___

Habe ich ein konkretes Hauptziel für mein Leben gewählt?

___

8. MONAT

Habe ich es schriftlich festgehalten?

Habe ich einen detaillierten Plan entworfen, um dieses Ziel zu erreichen?

Habe ich festgelegt, was ich im Gegenzug zu geben bereit bin?

NOTIZEN

NOTIZEN

9. MONAT:

KONTROLLIERTE AUFMERKSAMKEIT

Kontrollierte Aufmerksamkeit ... der Akt der Koordination aller geistigen Fähigkeiten, um ihre Kraft gemeinschaftlich auf ein bestimmtes Ziel zu lenken.

Erfolg gelingt, wenn Sie die Macht Ihrer Gedanken – richtig organisiert, konzentriert und auf ein bestimmtes Ziel gerichtet – einsetzen. Jede Leistung, ob geistig oder körperlich, wird durch die Konzentration von Energie erreicht. Doch dies gelingt nur mit Selbstdisziplin.

Denn Aufmerksamkeit, die nicht kontrolliert und gelenkt wird, ist nichts weiter als müßige Neugierde.

Effektive Konzentration (kontrollierte Aufmerksamkeit) setzt voraus, dass Sie Ihre Aufmerksamkeit vollständig kontrolliert auf ein bestimmtes Thema richten: indem Sie darüber nachdenken und sprechen, es in sich aufsaugen, es mit in den Schlaf nehmen und es zu einer Obsession machen ... rund um die Uhr. Auf diese Weise bringen Sie Ihr Unterbewusstsein, das auch im Schlaf aktiv ist, dazu, das Ziel, von dem Sie besessen sind, zu übernehmen und in einen praktischen Plan zu übersetzen, mit dem Sie es erreichen können. Entweder Sie übernehmen die Kontrolle über Ihren Verstand, oder Ihr Verstand wird Besitz von Ihnen ergreifen und Ihnen kompromisslos vorsetzen, was immer das Leben für Sie bereithält. Sie haben die Wahl.

Konzentrierte Aufmerksamkeit versetzt Sie in die Lage, sich präzise bewusst zu machen, was Sie sich für Ihr Leben wünschen.

DON M. GREEN

Mein Versprechen, dieses Prinzip in meinem Leben anzuwenden, manifestiert sich in den folgenden Punkten:

MEINE PERSÖNLICHEN ZIELE FÜR DEN 9. MONAT

1. _____
2. _____
3. _____

MEINE BERUFLICHEN ZIELE FÜR DEN 9. MONAT

1. _____
2. _____
3. _____

HEUTE

*Hier kam die Dämmerung
Ein weiterer blauer Tag; Denke, wartest du, dass
Er nutzlos vergehen mag?*

*Aus der Ewigkeit
Ist dieser neue Tag erwacht;
In die Ewigkeit zurück
Kehrt er bei Nacht.*

*Sieh ihn dir vorher an
Kein Auge hat ihn je erblickt; So bald schon wird er wieder all unserer Augen entrückt.*

*Hier kam die Dämmerung
Ein weiterer blauer Tag; Denke, wartest du, dass
Er nutzlos vergehen mag?*

Thomas Carlyle

KONTROLLIERTE AUFMERKSAMKEIT

Tägliche Gedankenstarter für den 9. Monat

1. _____

Innezuhalten, um sich zu blicken und zuzuhören nützt nichts, solange Sie nicht auch nachdenken.

2. _____

Sie sind, was Sie denken.

3. _____

Kontrollierte Aufmerksamkeit ist organisierte Gedankenkraft.

4. _____

Es gibt keinen klar bemessenen Preis für den Wert organisierten Denkens.

5. _____

Der Weg des Erfolgs ist der Weg des Handelns auf der Grundlage von klarem Denken.

6. _____

Temperament ist eine gute Sache, vorausgesetzt, Sie versuchen nicht, es preiszugeben.

7. *Tun Sie es jetzt! Füllen Sie die Checkliste Ihrer Wochenziele aus.*

Nicht durch das Reden lernt man, sondern durch das Zuhören.

KONTROLLIERTE AUFMERKSAMKEIT

Tägliche Gedankenstarter für den 9. Monat

Das einzig Beständige im gesamten Universum ist die Veränderung.

Eine Meinung ist nicht vernünftiger als das Urteil des Menschen, der sie vertritt.

Die Macht, Ideen zu entwickeln, ist eine Kraft, mit der Sie Ihr Leben kontrollieren können.

Wenn Sie irgendeine Form von dauerhaftem Erfolg erreichen wollen, die das Mittelmaß übersteigt, dann benötigen Sie Klarheit im Denken.

Sie können die Handlungen anderer nicht kontrollieren, aber Sie können kontrollieren, wie Sie darauf reagieren.

Fokussieren Sie Ihre Aufmerksamkeit so lange auf ein Problem, bis Sie es gelöst haben.

Erfolgreiche Menschen hören niemals auf, sich Fachwissen anzueignen.

8. _____

9. _____

10. _____

11. _____

12. _____

13. _____

14. *Tun Sie es jetzt! Füllen Sie die Checkliste Ihrer Wochenziele aus.*

KONTROLLIERTE AUFMERKSAMKEIT

> **Tägliche Gedankenstarter für den 9. Monat**
>
> Mit kontrollierter Aufmerksamkeit können Sie Ihren Verstand auch im Schlaf für sich arbeiten lassen.

15. _____

Tun Sie es jetzt! Füllen Sie die Checkliste Ihrer Wochenziele aus.

9. MONAT: WÖCHENTLICHE ZIEL-CHECKLISTE

MEINE PERSÖNLICHEN ZIELE FÜR WOCHE EINS

1. _____
2. _____
3. _____

MEINE BERUFLICHEN ZIELE FÜR WOCHE EINS

1. _____
2. _____
3. _____

9. MONAT: WÖCHENTLICHE ZIEL-CHECKLISTE

MEINE PERSÖNLICHEN ZIELE FÜR WOCHE ZWEI

1. _____

2. _____

3. _____

MEINE BERUFLICHEN ZIELE FÜR WOCHE ZWEI

1. _____

2. _____

3. _____

MEIN MONATSRÜCKBLICK ERFOLGSPRINZIP: KONTROLLIERTE AUFMERKSAMKEIT

DIE PERSÖNLICHEN ZIELE, DIE ICH ERREICHT HABE

Persönliche Bestandsaufnahme:

Habe ich erreicht, was ich mir im 9. Monat vorgenommen habe?

Welche persönlichen Ziele des 9. Monats muss ich korrigieren und auf den nächsten Monat übertragen?

MEIN MONATSRÜCKBLICK ERFOLGSPRINZIP: KONTROLLIERTE AUFMERKSAMKEIT

DIE BERUFLICHEN ZIELE, DIE ICH ERREICHT HABE

Persönliche Bestandsaufnahme:

Habe ich erreicht, was ich mir im 9. Monat vorgenommen habe?

_____
_____
_____
_____
_____

Welche beruflichen Ziele des 9. Monats muss ich korrigieren und auf den nächsten Monat übertragen?

_____
_____
_____
_____
_____

KONTROLLIERTE AUFMERKSAMKEIT

Habe ich TÄGLICH Maßnahmen ergriffen,
die mich meinem konkreten Hauptziel näherbringen?

_____

_____

_____

_____

Wie habe ich mein Versprechen erfüllt,
das Prinzip der kontrollierten Aufmerksamkeit anzuwenden?

_____

_____

_____

_____

Habe ich ein konkretes Hauptziel für mein Leben gewählt?

_____

_____

_____

_____

Habe ich es schriftlich festgehalten?

Habe ich einen detaillierten Plan entworfen, um dieses Ziel zu erreichen?

Habe ich festgelegt, was ich im Gegenzug zu geben bereit bin?

NOTIZEN

NOTIZEN

9. Monat:
KLARHEIT IM DENKEN

Klarheit im Denken ... bedeutet, Fakten von der Fiktion zu trennen, Ihre Gedanken zu ordnen und sie auf ein bestimmtes Ziel zu lenken.

Sie sind, was Sie denken ... und Sie können Ihr Denken von Spinnweben befreien. Die Annahme, dass Sie rein vernunftgesteuert handeln, ist falsch ... jede bewusste Handlung ist das Ergebnis dessen, was wir tun wollen. Wir treffen Entscheidungen. Klarheit im Denken ist selbsterklärend.

―――― ∽ ――――

Klarheit im Denken führt zu positiven Ergebnissen in Ihrem täglichen Leben.

Don M. Green

Mein Versprechen, dieses Prinzip in meinem Leben anzuwenden, manifestiert sich in den folgenden Punkten:

MEINE PERSÖNLICHEN ZIELE FÜR DEN 9. MONAT

1. _____
_____

2. _____
_____

3. _____
_____

MEINE BERUFLICHEN ZIELE FÜR DEN 9. MONAT

1. _____
_____

2. _____
_____

3. _____
_____

VIER DINGE

*Die vier Dinge, die ein Mann lernen muss,
um seine Pläne wahr werden zu lassen:*

*Ohne Verwirrung klar zu denken;
Seine Mitmenschen aufrichtig zu lieben;
Aus ehrlichen Motiven rein zu handeln;
Sicher auf Gott und den Himmel zu vertrauen.*

H<small>ENRY</small> V<small>AN</small> D<small>YKE</small>

KLARHEIT IM DENKEN

Tägliche Gedankenstarter für den 9. Monat

16. _____

Konzentrieren Sie sich auf Ihr Hauptziel, um eine eine klare Vorstellung davon zu bekommen.

17. _____

Wenn Sie Ihren Geist kontrollieren können, können Sie auch alles andere kontrollieren.

18. _____

Seien Sie entschlossen. Bleiben Sie entschlossen.

19. _____

Richten Sie Ihre Aufmerksamkeit nur auf positive Dinge.

20. _____

Wahrnehmen – in einen Kontext setzen – in sich aufnehmen – in die Tat umsetzen.

21. _____

Die Wahrheit bleibt stets die Wahrheit.

22. *Tun Sie es jetzt! Füllen Sie die Checkliste Ihrer Wochenziele aus.*

Entwickeln Sie ein gutes Urteilsvermögen … und wenden Sie es an.

> **Tägliche Gedankenstarter für den 9. Monat**

Entwickeln Sie Klarheit im Denken, verbunden mit PGH.

Bevor sich etwas aus einem Verstand entwickeln kann, muss etwas in ihn hineingesteckt werden.

Wissen ist nicht gleich Macht – es ist potenzielle Macht, die erst durch seine Anwendung real wird.

Übernehmen Sie die Kontrolle über Ihren Verstand. Nutzen Sie ihn, um Ihren Leistungen einen Preis beizumessen.

Fragen Sie irgendeinen klugen Menschen, was er sich am meisten wünscht, und seine Antwort wird lauten: noch mehr Weisheit.

Wenn Sie nicht wissen, was Sie sich vom Leben wünschen, was, glauben Sie, werden Sie dann bekommen?

Äußern Sie niemals eine Meinung, wenn Sie nicht erklären können, wie Sie zu ihr gelangt sind.

KLARHEIT IM DENKEN

23. _____

24. _____

25. _____

26. _____

27. _____

28. _____

29. *Tun Sie es jetzt! Füllen Sie die Checkliste Ihrer Wochenziele aus.*

KLARHEIT IM DENKEN

> **Tägliche Gedankenstarter für den 9. Monat**

30. _____

Entwickeln Sie Ihr Ego, aber halten Sie es im Zaum.

31. _____

Der Verstand ist niemals untätig, auch nicht im Schlaf.

Tun Sie es jetzt! Füllen Sie die Checkliste Ihrer Wochenziele aus.

9. MONAT: WÖCHENTLICHE ZIEL-CHECKLISTE

MEINE PERSÖNLICHEN ZIELE FÜR WOCHE DREI

1. _____

2. _____

3. _____

MEINE BERUFLICHEN ZIELE FÜR WOCHE DREI

1. _____

2. _____

3. _____

9. MONAT: WÖCHENTLICHE ZIEL-CHECKLISTE

MEINE PERSÖNLICHEN ZIELE FÜR WOCHE VIER

1. _____

2. _____

3. _____

MEINE BERUFLICHEN ZIELE FÜR WOCHE VIER

1. _____

2. _____

3. _____

MEIN MONATSRÜCKBLICK ERFOLGSPRINZIP: KLARHEIT IM DENKEN

DIE PERSÖNLICHEN ZIELE, DIE ICH ERREICHT HABE

Persönliche Bestandsaufnahme:

Habe ich erreicht, was ich mir im 9. Monat vorgenommen habe?

_____
_____
_____
_____
_____

Welche persönlichen Ziele des 9. Monats muss ich korrigieren und auf den nächsten Monat übertragen?

_____
_____
_____
_____
_____

MEIN MONATSRÜCKBLICK ERFOLGSPRINZIP: KLARHEIT IM DENKEN

DIE BERUFLICHEN ZIELE, DIE ICH ERREICHT HABE

Persönliche Bestandsaufnahme:

Habe ich erreicht, was ich mir im 9. Monat vorgenommen habe?

_____
_____
_____
_____
_____

Welche beruflichen Ziele des 9. Monats muss ich korrigieren und auf den nächsten Monat übertragen?

_____
_____
_____
_____
_____

Habe ich TÄGLICH Maßnahmen ergriffen,
die mich meinem konkreten Hauptziel näherbringen?

_____

_____

_____

_____

Wie habe ich mein Versprechen erfüllt,
das Prinzip der Klarheit im Denken anzuwenden?

_____

_____

_____

_____

Habe ich ein konkretes Hauptziel für mein Leben gewählt?

_____

_____

_____

_____

9. MONAT

Habe ich es schriftlich festgehalten?

Habe ich einen detaillierten Plan entworfen, um dieses Ziel zu erreichen?

Habe ich festgelegt, was ich im Gegenzug zu geben bereit bin?

NOTIZEN

NOTIZEN

10. Monat:

BEI GUTER GESUNDHEIT BLEIBEN

Bei guter Gesundheit bleiben ... Die wichtigste Komponente zur Erhaltung einer guten körperlichen und geistigen Gesundheit ist das Gleichgewicht. Es ist wichtig, sich sowohl um seinen Geist als auch um seinen Körper zu kümmern. Versorgen Sie Ihren Geist mit positiven Gedanken und Ihren Körper mit einer ausgewogenen Ernährung ... kümmern Sie sich um beide mit einem ausgeglichenen Programm aus Arbeit und Spiel, Bewegung und Entspannung.

Gute, positive und optimistische Gedanken verbessern Ihre Stimmung. Was Ihrem Geist gut tut, tut auch Ihrem Körper gut ... Sie können beides nicht voneinander trennen. Halten Sie Ihren Geist mit Selbstdisziplin frei von negativen Gedanken und Einflüssen, und gestalten und bewahren Sie sich ein ausgeglichenes Leben.

Wenn Sie PGH für sich arbeiten lassen, können Sie einen gesunden Geist und einen gesunden Körper erlangen.

———— ∼ ————

Bei guter Gesundheit zu bleiben, ist wichtig, weil der Körper einen Einfluss auf den Geist hat, in dem die Pläne für unseren zukünftigen Erfolg ihren Anfang nehmen.

Don M. Green

Mein Versprechen, dieses Prinzip in meinem Leben anzuwenden, manifestiert sich in den folgenden Punkten:

MEINE PERSÖNLICHEN ZIELE FÜR DEN 10. MONAT

1. _____
_____

2. _____
_____

3. _____
_____

MEINE BERUFLICHEN ZIELE FÜR DEN 10. MONAT

1. _____
_____

2. _____
_____

3. _____
_____

MEIN EIGEN KOMMT ZU MIR HER

Gelassen falte ich die Hände und kümmere mich nicht um Wind, Flut oder Meer;
Ich grolle nicht mehr gegen Zeit oder Schicksal,
Denn sieh, mein Eigen kommt zu mir her.

Ich halt' in meiner Eile ein, denn was nützt das schnelle Rennen?
Ich stehe inmitten der ewigen Wege,
Und was mein Eigen ist, soll mein Gesicht erkennen.

Schlafend, wachend, bei Nacht oder bei Tag, such ich die Freunde, die nach mir streben.
Kein Wind kann mein Schiff von seinem Kurs abbringen,
Noch verändern den Lauf meines Leben.

Was macht es, wenn ich alleine halt'?
Ich wart' mit Freud' auf die kommenden Jahre;
Mein Herz wird ernten, wo es gesät,
Und seine Frucht der Tränen sammeln bald.

Die Wasser kennen ihr Eigen und locken den Bach, der in jener Höhe fußt;
so fließt das Gute in gleichem Maß
Bis in die Seele der reinen Lust ...

Die Sterne erscheinen des Nachts am Himmel, und Ebbe und Flut bewegen das Meer.
Doch weder Zeit, Raum, Tiefe, Höhe, halten mein Eigen von mir fern.

JOHN BURROUGHS

BEI GUTER GESUNDHEIT BLEIBEN

1. _____

2. _____

3. _____

4. _____

5. _____

6. _____

7. *Tun Sie es jetzt! Füllen Sie die Checkliste Ihrer Wochenziele aus.*

> **Tägliche Gedankenstarter für den 10. Monat**
>
> Wenn Sie nur Zeit für Klatsch und Tratsch haben, sind Sie zu beschäftigt für den Erfolg.
>
> Gehen Sie betend zu Bett und stehen Sie singend auf und sehen Sie, was für ein gutes Tageswerk Sie tun werden.
>
> Kluge Planung ist wesentlich für den Erfolg.
>
> Was der Mensch sät, das wird er auch ernten.
>
> Ihr Körper braucht Zeit, um neue Kräfte und Frische zu erlangen und sich auf den nächsten Tag vorzubereiten.
>
> Die meisten Krankheiten beginnen mit einer negativen Einstellung.
>
> Auf lange Sicht zählt nicht, was Sie verdienen, sondern was Sie sparen.

BEI GUTER GESUNDHEIT BLEIBEN

Tägliche Gedankenstarter für den 10. Monat

Wenn Sie denken, dass Sie krank sind, dann sind Sie es auch.

Ein Hund ist klug genug, einen Knochen für den Tag zu vergraben, an dem er ihn brauchen wird.

Gute Gesundheit beginnt mit einer positiven Geisteshaltung.

Sagen Sie mir, wie Sie Ihre Freizeit nutzen, und ich sage Ihnen, wo Sie in zehn Jahren stehen werden.

Ihre Geisteshaltung beeinflusst Ihre Gesundheit … eine positive Geisteshaltung zieht eine gute Gesundheit an.

Wenn ein Mensch seine eigenen Belange regeln kann, kann er damit beginnen, die Belange anderer Menschen zu regeln.

Tag für Tag werde ich auf jede erdenkliche Weise immer besser.

8. _____

9. _____

10. _____

11. _____

12. _____

13. _____

14. *Tun Sie es jetzt! Füllen Sie die Checkliste Ihrer Wochenziele aus.*

BEI GUTER GESUNDHEIT BLEIBEN

> **Tägliche Gedankenstarter für den 10. Monat**
>
> Nehmen Sie sich ausreichend Zeit, um zu lernen, nachzudenken und zu planen.

15. _____

Tun Sie es jetzt! Füllen Sie die Checkliste Ihrer Wochenziele aus.

10. MONAT: WÖCHENTLICHE ZIEL-CHECKLISTE

MEINE PERSÖNLICHEN ZIELE FÜR WOCHE EINS

1. _____

2. _____

3. _____

MEINE BERUFLICHEN ZIELE FÜR WOCHE EINS

1. _____

2. _____

3. _____

10. MONAT: WÖCHENTLICHE ZIEL-CHECKLISTE

MEINE PERSÖNLICHEN ZIELE FÜR WOCHE ZWEI

1. _____

2. _____

3. _____

MEINE BERUFLICHEN ZIELE FÜR WOCHE ZWEI

1. _____

2. _____

3. _____

MEIN MONATSRÜCKBLICK ERFOLGSPRINZIP: BEI GUTER GESUNDHEIT BLEIBEN

DIE PERSÖNLICHEN ZIELE, DIE ICH ERREICHT HABE

Persönliche Bestandsaufnahme:

Habe ich erreicht, was ich mir im 10. Monat vorgenommen habe?

_____

_____

_____

_____

_____

Welche persönlichen Ziele des 10. Monats muss ich korrigieren und auf den nächsten Monat übertragen?

_____

_____

_____

_____

_____

MEIN MONATSRÜCKBLICK ERFOLGSPRINZIP: BEI GUTER GESUNDHEIT BLEIBEN

DIE BERUFLICHEN ZIELE, DIE ICH ERREICHT HABE

Persönliche Bestandsaufnahme:

Habe ich erreicht, was ich mir im 10. Monat vorgenommen habe?

Welche beruflichen Ziele des 10. Monats muss ich korrigieren und auf den nächsten Monat übertragen?

Habe ich TÄGLICH Maßnahmen ergriffen,
die mich meinem konkreten Hauptziel näherbringen?

_____

_____

_____

_____

Wie habe ich mein Versprechen erfüllt,
das Prinzip bei guter Gesundheit zu bleiben anzuwenden?

_____

_____

_____

_____

Habe ich ein konkretes Hauptziel für mein Leben gewählt?

_____

_____

_____

_____

Habe ich es schriftlich festgehalten?

Habe ich einen detaillierten Plan entworfen, um dieses Ziel zu erreichen?

Habe ich festgelegt, was ich im Gegenzug zu geben bereit bin?

NOTIZEN

NOTIZEN

10. Monat:

ZEIT UND GELD BUDGETIEREN

Zeit und Geld budgetieren ... die Art und Weise, wie Sie Ihre Zeit und Ihr Geld investieren, bestimmt den Grad Ihres Erfolgs.

Die Zeit ist unendlich ... Ihre Chance, sie zu nutzen, ist hingegen begrenzt. Lernen Sie, jede einzelne Stunde Ihrer Zeit sinnvoll zu nutzen. Für die meisten Menschen sollten die 24 Stunden eines jeden Tages in drei 8-stündige Bereiche unterteilt werden:

» 8 Stunden für den Schlaf,
» 8 Stunden für die Arbeit,
» und 8 Stunden für Erholung und Freizeitaktivitäten.

Jeder sollte die Gewohnheit entwickeln, einen Teil seines Einkommens zu sparen. Die Gewohnheiten, die Sie angenommen haben, bestimmen, wo und wer Sie sind. Entwickeln Sie die positive Gewohnheit, sich eine gute geistige und körperliche Gesundheit zu erhalten und Ihre Zeit und Ihr Geld zu budgetieren.

Unsere Zeit und unser Geld sind Schätze, die wir klug einsetzen müssen, indem wir unser Leben tatkräftig anstatt ziellos gestalten.

DON M. GREEN

Mein Versprechen, dieses Prinzip in meinem Leben anzuwenden, manifestiert sich in den folgenden Punkten:

MEINE PERSÖNLICHEN ZIELE FÜR DEN 10. MONAT

1. _____
   _____

2. _____
   _____

3. _____
   _____

MEINE BERUFLICHEN ZIELE FÜR DEN 10. MONAT

1. _____
   _____

2. _____
   _____

3. _____
   _____

MUSSE

Was soll'n die Mühen dieser Welt,
wenn uns die Zeit zum Staunen fehlt?

Die Zeit zum unter Bäumen stehn,
wie Kuh und Schaf das Land besehn.

Die Zeit zu spähn, am Waldessaum, nach Eichhorns Nüssen unterm Baum.

Die Zeit, bei Tag zu sehn die Pracht des Stroms voll Sterne, wie bei Nacht.

Wie arm das Leben auf der Welt,
wenn uns die Zeit zum Staunen fehlt!

WILLIAM HENRY DAVIES

ZEIT UND GELD BUDGETIEREN

16. _____

17. _____

18. _____

19. _____

20. _____

21. _____

22. *Tun Sie es jetzt! Füllen Sie die Checkliste Ihrer Wochenziele aus.*

Tägliche Gedankenstarter für den 10. Monat

Verschwenden Sie weder Ihre Zeit noch Ihr Geld.

Die Welt wird nicht von ziellosen Menschen gesteuert.

Zeit ist wie Geld auf der Bank, sofern man sie richtig nutzt, indem man sie klug investiert.

Versäumen Sie nicht, sich regelmäßig zu entspannen und dem Spiel hinzugeben.

Die teuersten Wörter unserer Sprache lauten: »Ich habe keine Zeit.«

Halten Sie Ihren Geist frei von negativen Gedanken.

Der Geist gewinnt durch Gebrauch an Kraft. Der Kampf macht Sie stark.

Tägliche Gedankenstarter für den 10. Monat

ZEIT UND GELD BUDGETIEREN

Wir bekommen nicht immer, was wir erwarten, es sei denn wir bemühen uns um Kontrolle.

Selbstachtung ist das beste Mittel, um auch von anderen geachtet zu werden.

Entwickeln Sie ein solides Bewusstsein für Ihre Gesundheit!

Sparen Sie gewissenhaft einen festen Prozentsatz Ihres Einkommens.

Der Reichtum beginnt in Ihren Gedanken.

Einige Gedankenschätze sind mehr wert als Goldschätze.

Ein positiver Geist findet immer einen Weg.

23. _____

24. _____

25. _____

26. _____

27. _____

28. _____

29. *Tun Sie es jetzt! Füllen Sie die Checkliste Ihrer Wochenziele aus.*

ZEIT UND GELD BUDGETIEREN

30. _____

31. _____

Tun Sie es jetzt! Füllen Sie die Checkliste Ihrer Wochenziele aus.

> **Tägliche Gedankenstarter für den 10. Monat**

Unsere Vorstellungskraft wird durch ihren Gebrauch belebt und geschärft.

Wie eine Maschine rostet auch der Geist, wenn er untätig ist.

10. MONAT: WÖCHENTLICHE ZIEL-CHECKLISTE

MEINE PERSÖNLICHEN ZIELE FÜR WOCHE DREI

1. _____

2. _____

3. _____

MEINE BERUFLICHEN ZIELE FÜR WOCHE DREI

1. _____

2. _____

3. _____

10. MONAT: WÖCHENTLICHE ZIEL-CHECKLISTE

MEINE PERSÖNLICHEN ZIELE FÜR WOCHE VIER

1. _____
2. _____
3. _____

MEINE BERUFLICHEN ZIELE FÜR WOCHE VIER

1. _____
2. _____
3. _____

MEIN MONATSRÜCKBLICK ERFOLGSPRINZIP: ZEIT UND GELD BUDGETIEREN

DIE PERSÖNLICHEN ZIELE, DIE ICH ERREICHT HABE

Persönliche Bestandsaufnahme:

Habe ich erreicht, was ich mir im 10. Monat vorgenommen habe?

_____
_____
_____
_____
_____

Welche persönlichen Ziele des 10. Monats muss ich korrigieren und auf den nächsten Monat übertragen?

_____
_____
_____
_____
_____

MEIN MONATSRÜCKBLICK ERFOLGSPRINZIP: ZEIT UND GELD BUDGETIEREN

DIE BERUFLICHEN ZIELE, DIE ICH ERREICHT HABE

Persönliche Bestandsaufnahme:

Habe ich erreicht, was ich mir im 10. Monat vorgenommen habe?

Welche beruflichen Ziele des 10. Monats muss ich korrigieren und auf den nächsten Monat übertragen?

Habe ich TÄGLICH Maßnahmen ergriffen,
die mich meinem konkreten Hauptziel näherbringen?

_____

_____

_____

_____

Wie habe ich mein Versprechen erfüllt,
das Prinzip Zeit und Geld zu budgetieren anzuwenden?

_____

_____

_____

_____

Habe ich ein konkretes Hauptziel für mein Leben gewählt?

_____

_____

_____

_____

Habe ich es schriftlich festgehalten?

Habe ich einen detaillierten Plan entworfen, um dieses Ziel zu erreichen?

Habe ich festgelegt, was ich im Gegenzug zu geben bereit bin?

NOTIZEN

NOTIZEN

11. Monat:

EINE KREATIVE VISION

Eine kreative Vision ... Sie können alles erreichen, was sich Ihr Verstand vorstellen kann! Kreative Visionen sind das Produkt eines klar definierten Ziels. Der erfolgreiche Mensch SETZT die Ideen, die seine Fantasie hervorbringt, IN DIE TAT UM.

Die Vorstellungskraft unseres Geistes hat zwei Komponenten: künstliche und kreative Vorstellungskraft. Künstliche Vorstellungskraft ist die Kombination von alten Ideen oder Konzepten zu neuen Resultaten. Die kreative Vorstellungskraft ist das Medium, das neue Ideen mithilfe unseres sechsten Sinnes hervorbringt. Die Vorstellungskraft ist der Schlüssel zu allen menschlichen Erfolgen. Sie ist ein Training für Ihren Geist, eine Herausforderung und ein Abenteuer.

Ein findiger Mensch wird immer eine Gelegenheit nutzen, um seine Chancen an seine Bedürfnisse anzupassen. Er weiß, was und wohin er gehen will. Er weiß, dass das Leben niemals zulässt, dass jemand etwas Wertvolles umsonst bekommt. Er weiß, dass er nur dann erfolgreich sein kann, wenn er auch anderen zu Erfolg verhilft.

Wenn Sie eine kreative Vision haben, produzieren Sie Ergebnisse ... und keine Ausreden. Sie kennen den Preis für den Erfolg ... und Sie sind bereit, ihn zu bezahlen. Er reicht über materielle Dinge hinaus. Er beurteilt die Zukunft auf der Grundlage der Vergangenheit und beschäftigt sich mehr mit dem Morgen als mit dem Gestern.

Die kreative Vision kann eine angeborene oder eine erworbene Eigenschaft Ihres Geistes sein, denn Sie können sie durch den freien und furchtlosen Gebrauch Ihres Vorstellungsvermögens entwickeln.

―――― ∽ ――――

Dieses Prinzip erfordert die Nutzung Ihres Unterbewusstseins und hilft Ihnen, neue Ideen für eine bessere Zukunft zu entwickeln – nicht nur für Sie selbst, sondern für die gesamte Menschheit.

Don M. Green

Mein Versprechen, dieses Prinzip in meinem Leben anzuwenden, manifestiert sich in den folgenden Punkten:

MEINE PERSÖNLICHEN ZIELE FÜR DEN 11. MONAT

1. _____

2. _____

3. _____

MEINE BERUFLICHEN ZIELE FÜR DEN 11. MONAT

1. _____

2. _____

3. _____

WENN DU NICHT DRÜBER ODER DRUNTER KOMMST, DANN GEH AUSSENRUM

*Ein kleiner Maulwurf fühlt' sich groß
wollt zeigen, dass er graben kann ganz famos;
So pflügt er durch den weichen Grund, bis
Hartes ihm beschert eine schmerzende Wund.
Sterne umkreisen seinen brummenden Kopf,
Er setzt sich nieder und senkt den Schopf;
Dann rammt er das Ding zum zweiten Lauf
– Sein Großvater hebt ihn halbtot auf,
sagt ernst: »Junger Mann, deine Knochen
mögen stark sein,
Doch trotzdem kommst du nicht durch
massiven Stein.
Drum hör meinen Rat, er ist nicht dumm:
Wenn du nicht drüber oder drunter kommst,
dann geh außenrum.«*

*Ein Reisender kommt an einen Fluss,
Und ärgert sich, dass er ihn queren muss,
Und nicht kehrt macht,
um ihm gute Laune zu bereiten,
und seinen Lauf nicht ändert,
um seinen Weg zu begleiten,
Seine Wut wächst viel stärker an
als sie es sollte,
und er schwört, dass er hier nun
hinübergehen wollte.
Ein Stück weiter die Brücke,
empfiehlt ihm ein Mann,
Doch er will nicht dorthin gehen,
obwohl er es kann.*

*Die Strömung ist schnell und das Ufer ist schroff,
Doch er springt einfach rein, sodass er fast ersoff.
Ein Fischer ihn rettet und sagt: »Sei nicht dumm.
Wenn du nicht drüber oder drunter kommst,
dann geh außenrum.«*

*Wenn auch du einmal feststellst:
hier geht es nicht weiter,
Weder drüber noch drunter,
dann denk' bei dir heiter:
Ich finde 'nen Weg um die störrische Mauer,
Und nicht: ich mach MEIN Ding oder nichts
und werd' sauer.
Den Ort, wo du hinwillst, erreichst du geschwind,
wenn deine Segel du setzt nach dem Wind.
Wenn die Berge zu hoch sind,
geh durchs Tal, folg der Straße,
Wenn die Straße gesperrt ist,
dann wähl eine Gasse,
Wenn die erste Klasse voll ist,
nimm heiter die zweite,
Wenn die Vordertür zu ist,
geh durch die an der Seite.
Um dein Ziel zu erreichen,
dieser Rat ist nicht dumm:
Wenn du nicht drüber oder drunter kommst,
dann geh außenrum.*

JOSEPH MORRIS

EINE KREATIVE VISION

> Tägliche Gedankenstarter für den 11. Monat

1. _____
2. _____
3. _____
4. _____
5. _____
6. _____

7. *Tun Sie es jetzt! Füllen Sie die Checkliste Ihrer Wochenziele aus.*

Edison scheiterte 10.000 Mal, bevor er zwei bestens bekannte Fakten kombinierte, um die Glühbirne zu erfinden.

Was Sie sich vorstellen können, können Sie auch schaffen!

Nur ein offener Geist kann wachsen.

Wenn Sie eine kreative Vision haben, produzieren Sie Ergebnisse statt Ausflüchte.

Welches Genie schlummert in IHREM Gehirn?

Alle Erfolge nehmen ihren Anfang in einer Idee.

Wecken Sie Ihren schlafenden Riesen!

Tägliche Gedankenstarter für den 11. Monat

EINE KREATIVE VISION

Eine kreative Vision ist das Produkt eines klar definierten Ziels.

Die Vorstellungskraft ist ein Training, eine Herausforderung und ein Abenteuer für Ihren Geist.

Die größte Gabe des Menschen ist sein denkender Verstand.

Es gibt einen perfekten Platz für Sie ... Hören Sie erst auf zu suchen, wenn Sie ihn gefunden haben.

Die kreative Vision fördert den Mut, mit neuen Ideen zu experimentieren.

Hören Sie auf die kleine Stimme, die aus Ihrem Inneren spricht.

Die Vorstellungskraft ist die Werkstatt des menschlichen Geistes.

8. _____

9. _____

10. _____

11. _____

12. _____

13. _____

14. *Tun Sie es jetzt! Füllen Sie die Checkliste Ihrer Wochenziele aus.*

EINE KREATIVE VISION

15. _____

16. _____

17. _____

18. _____

19. _____

20. _____

21. *Tun Sie es jetzt! Füllen Sie die Checkliste Ihrer Wochenziele aus.*

> **Tägliche Gedankenstarter für den 11. Monat**
>
> Wenn Sie entschlossen sind, sie zu lüften, hält die Natur tiefgründige Geheimnisse für Sie bereit.
>
> Kultivieren Sie Ihre kreative Vision mit PGH!
>
> Eine kreative Vision gründet auf dem furchtlosen Einsatz Ihrer Vorstellungskraft.
>
> Die Sorgen von heute können zu den unbezahlbaren Erfahrungen von morgen werden.
>
> Diejenigen, die Großes leisten, wissen, wie man Dinge erledigt.
>
> Verwandeln Sie Unzufriedenheit in inspirierende Zufriedenheit mit PGH!
>
> Oft braucht es nur eine einzige Idee und ein entsprechendes Handeln, um zu Erfolg zu gelangen.

EINE KREATIVE VISION

> **Tägliche Gedankenstarter für den 11. Monat**

Wenn Ihre Fantasie ans Werk geht, folgen Ihre Hände ihr nach.

Ein solider Charakter ist aus härterem Holz geschnitzt als aus Klagen.

Eine kreative Vision ist die Kraft, die die Entwicklung der persönlichen Tatkraft anregt.

Nichts ist unmöglich, wenn Sie eine kreative Vision haben.

Wer die Harmonie liebt, weiß für gewöhnlich, wie man sie bewahrt.

Wenn Sie nicht wissen, was Sie tun oder in welche Richtung Sie sich wenden sollen, dann lächeln Sie.

Entspannen Sie Ihren Geist und lassen Sie die Sonne des Glücks in Ihre Seele scheinen.

22. _____

23. _____

24. _____

25. _____

26. _____

27. _____

28. *Tun Sie es jetzt! Füllen Sie die Checkliste Ihrer Wochenziele aus.*

EINE KREATIVE VISION

Tägliche Gedankenstarter für den 11. Monat

29. _____
_____
_____

30. _____
_____
_____

31. *Tun Sie es jetzt! Füllen Sie die Checkliste Ihrer Wochenziele aus.*
_____
_____

Füttern Sie Ihren Geist mit Gedanken an Dinge und Umstände, die Sie ersehnen.

Die kosmische Gewohnheitskraft hält das gesamte Universum mithilfe etablierter Gewohnheiten im Gleichgewicht.

Wir sind alle das Produkt unserer Gewohnheiten … manche davon gut, andere vielleicht auch schlecht.

11. MONAT: WÖCHENTLICHE ZIEL-CHECKLISTE

MEINE PERSÖNLICHEN ZIELE FÜR WOCHE EINS

1. _____

2. _____

3. _____

MEINE BERUFLICHEN ZIELE FÜR WOCHE EINS

1. _____

2. _____

3. _____

11. MONAT: WÖCHENTLICHE ZIEL-CHECKLISTE

MEINE PERSÖNLICHEN ZIELE FÜR WOCHE ZWEI

1. _____
2. _____
3. _____

MEINE BERUFLICHEN ZIELE FÜR WOCHE ZWEI

1. _____
2. _____
3. _____

11. MONAT: WÖCHENTLICHE ZIEL-CHECKLISTE

MEINE PERSÖNLICHEN ZIELE FÜR WOCHE DREI

1. _____

2. _____

3. _____

MEINE BERUFLICHEN ZIELE FÜR WOCHE DREI

1. _____

2. _____

3. _____

11. MONAT: WÖCHENTLICHE ZIEL-CHECKLISTE

MEINE PERSÖNLICHEN ZIELE FÜR WOCHE VIER

1. _____

2. _____

3. _____

MEINE BERUFLICHEN ZIELE FÜR WOCHE VIER

1. _____

2. _____

3. _____

MEIN MONATSRÜCKBLICK ERFOLGSPRINZIP: EINE KREATIVE VISION

DIE PERSÖNLICHEN ZIELE, DIE ICH ERREICHT HABE

Persönliche Bestandsaufnahme:

Habe ich erreicht, was ich mir im 11. Monat vorgenommen habe?

Welche persönlichen Ziele des 11. Monats muss ich korrigieren und auf den nächsten Monat übertragen?

MEIN MONATSRÜCKBLICK ERFOLGSPRINZIP: EINE KREATIVE VISION

DIE BERUFLICHEN ZIELE, DIE ICH ERREICHT HABE

Persönliche Bestandsaufnahme:

Habe ich erreicht, was ich mir im 11. Monat vorgenommen habe?

_____
_____
_____
_____
_____

Welche beruflichen Ziele des 11. Monats muss ich korrigieren und auf den nächsten Monat übertragen?

_____
_____
_____
_____
_____
_____

Habe ich TÄGLICH Maßnahmen ergriffen,
die mich meinem konkreten Hauptziel näherbringen?

Wie habe ich mein Versprechen erfüllt,
das Prinzip der kreativen Vision anzuwenden?

Habe ich ein konkretes Hauptziel für mein Leben gewählt?

11. MONAT

Habe ich es schriftlich festgehalten?

Habe ich einen detaillierten Plan entworfen, um dieses Ziel zu erreichen?

Habe ich festgelegt, was ich im Gegenzug zu geben bereit bin?

NOTIZEN

NOTIZEN

12. Monat:

KOSMISCHE GEWOHNHEITSKRAFT

Kosmische Gewohnheitskraft ... ist das Gesetz, mit dem das Gleichgewicht des Universums durch etablierte Muster oder Gewohnheiten aufrechterhalten wird. Sie ist das Gesetz, das jedes Lebewesen und jedes Teilchen der Materie dazu zwingt, sich dem beherrschenden Einfluss seiner Umgebung zu beugen – einschließlich der körperlichen und geistigen Gewohnheiten des Menschen.

Nur dem Menschen ist das Privileg und die Möglichkeit gegeben, seine eigenen Gewohnheiten, ob gut oder schlecht, zu bestimmen. Die Gewohnheiten aller anderen Lebewesen sind reine Instinkte, deren Verhaltensmuster die Grenzen und das volle Ausmaß ihrer Leistungen definiert.

Sie hingegen werden von den Gewohnheiten beherrscht, die Sie selbst durch wiederholte Gedanken und Erfahrungen entwickeln. Sobald Sie ein Ziel gewählt und einen Plan zum Erreichen dieses Ziels festgelegt haben, bestimmt die kosmische Gewohnheitskraft sämtliche Gewohnheiten, die mit diesem Ziel in Zusammenhang stehen, um Sie anschließend automatisch in die Richtung dieses Ziels zu führen. Um sich die Vorteile dieses Gesetzes zunutze zu machen, müssen Sie nur die Kontrolle über Ihre eigenen Gedanken übernehmen. Gestalten Sie sie positiv und erwartungsvoll und zeichnen Sie in Ihrem Kopf ein präzises Bild Ihrer Wünsche. Die kosmische Gewohnheitskraft nimmt ihre Arbeit ganz automatisch auf!

Säe eine Tat und du erntest eine Gewohnheit.
Säe eine Gewohnheit und du erntest einen Charakterzug.
Säe einen Charakterzug und du erntest ein Schicksal.

Zuerst prägen wir unsere Gewohnheiten, dann prägen unsere Gewohnheiten uns – ob diese Gewohnheiten gut oder schlecht sind, ist eine Entscheidung, die wir täglich treffen.

Don M. Green

12. MONAT

Mein Versprechen, dieses Prinzip in meinem Leben anzuwenden, manifestiert sich in den folgenden Punkten:

MEINE PERSÖNLICHEN ZIELE FÜR DEN 12. MONAT

1. _____

2. _____

3. _____

MEINE BERUFLICHEN ZIELE FÜR DEN 12. MONAT

1. _____

2. _____

3. _____

DER REGENBOGEN

*Das Herz mir hüpft, wenn auf ich schau
und himmelhoch ein Regenbogen!
So war's als Kind von Anbeginn,
so ist's, da ich erwachsen bin,
so sei's, wenn alt werd' ich und grau,
sonst mag der Tod mich holen!
Des Mannes Vater ist das Kind,
und wär's ein Wunsch, der mir zusteht:
Den Tagen sei, die mir noch sind,
ein einend Band die schlichte Pietät.*

WILLIAM WORDSWORTH

KOSMISCHE GEWOHNHEITSKRAFT

Tägliche Gedankenstarter für den 12. Monat

1. _____

2. _____

3. _____

4. _____

5. _____

6. _____

7. *Tun Sie es jetzt! Füllen Sie die Checkliste Ihrer Wochenziele aus.*

Die Ordnung der Welt zeigt, dass alle Naturgesetze unter der Kontrolle eines universellen Plans stehen.

Zuerst prägen wir eine Gewohnheit und dann prägt sie uns.

Eine schlechte Angewohnheit ruiniert oft ein Dutzend guter Angewohnheiten.

Positive Gewohnheiten sind Produkte der Willenskraft, die auf das Erreichen eindeutiger Ziele gerichtet ist.

Gewohnheiten beginnen im Kopf – bewusst oder unbewusst.

Alle Dinge setzen sich aus kleineren Dingen zusammen, die in Beziehung zueinander stehen.

Ihr Ego ist Ihr größtes Kapital oder Ihre größte Bürde – alles hängt davon ab, wie Sie mit ihm umgehen.

KOSMISCHE GEWOHNHEITSKRAFT

> **Tägliche Gedankenstarter für den 12. Monat**

Hypnotisieren Sie sich selbst, um sich im Besitz dessen zu sehen, was Sie erreichen wollen.

Alle Dinge neigen über die Zeit dazu, sich auszugleichen – ein jedes mit seinem Gegenteil.

Bewahren Sie eine positive Geisteshaltung, um die Dinge zu erreichen, die Sie sich ersehnen.

Sagen Sie einem Kind, wie »böse« es ist, und es wird danach streben, seinem Ruf alle Ehre zu machen.

Wenn Sie das Glück anziehen möchten, müssen Sie sich glückliche Gedanken machen.

Sorgen Sie dafür, dass Ihr Verstand von positiven Gefühlen dominiert wird.

Sie werden alles glauben, wenn Sie es sich nur oft genug einreden, auch wenn es nicht wahr ist.

8. _____

9. _____

10. _____

11. _____

12. _____

13. _____

14. *Tun Sie es jetzt! Füllen Sie die Checkliste Ihrer Wochenziele aus.*

KOSMISCHE GEWOHNHEITSKRAFT

| Tägliche Gedankenstarter für den 12. Monat |

15. _____

16. _____

17. _____

18. _____

19. _____

20. _____

21. *Tun Sie es jetzt! Füllen Sie die Checkliste Ihrer Wochenziele aus.*

Motivieren Sie andere durch Suggestion. Motivieren Sie sich selbst durch Autosuggestion.

All Ihre Erfolge und Misserfolge sind das Ergebnis der Gewohnheiten, die Sie entwickelt haben.

Haben Sie den Mut, der Wahrheit ins Auge zu sehen!

Eine gute Idee, gefolgt von Taten, kann eine Niederlage in einen Erfolg verwandeln.

Das Wunder ist ein Wort, das wir oft missbrauchen, um ein Phänomen zu beschreiben, das wir nicht verstehen.

Das Unglück hat die Angewohnheit, dort aufzutauchen, wo man es erwartet.

Zeit, Raum, Energie, Materie und Intelligenz sind die Bausteine der Natur, mit denen sie ein Sandkorn, den größten Planeten und jedes andere Ding erschafft, das sich der menschliche Verstand vorstellen kann.

KOSMISCHE GEWOHNHEITSKRAFT

> **Tägliche Gedankenstarter für den 12. Monat**

Entwickeln Sie eine Erfolgsgewohnheit in der kleinen Sphäre, die Sie kontrollieren, und sehr bald werden Sie die Kontrolle über größere Sphären erlangen.

Wo und was er ist, bestimmt jeder Mensch für sich selbst – mithilfe der Gewohnheiten im Denken und Handeln, die er sich aneignet.

Alle freiwilligen positiven Gewohnheiten sind das Produkt der Willensstärke, mit der wir danach streben, bestimmte Ziele zu erreichen.

Die freiwillige Ausbildung von Gewohnheiten ist Selbstdisziplin in ihrer höchsten und edelsten Form der Anwendung.

Ein Mensch muss seine Sache gut machen, oder er muss Platz machen. Eine andere Wahl gibt es nicht.

Dies ist eine schöne Welt für den Menschen, der genau weiß, was er im Leben will, und alles daransetzt, um es zu erreichen.

Ihr wahres Alter wird von Ihrer Geisteshaltung bestimmt, und nicht von Ihren Lebensjahren.

22. _____
23. _____
24. _____
25. _____
26. _____
27. _____
28. *Tun Sie es jetzt! Füllen Sie die Checkliste Ihrer Wochenziele aus.*

KOSMISCHE GEWOHNHEITSKRAFT

> Tägliche Gedankenstarter für den 12. Monat

29. _____

30. _____

31. _____

Manche Menschen scheinen »allergisch« auf ehrliche Arbeit zu reagieren – doch im selben Maße reagieren Chancen allergisch auf diese Menschen.

Verrichten Sie Ihre Arbeit, als ob Sie Ihr eigener Chef wären, und früher oder später werden Sie es sein.

Alles, was Sie mitnehmen können, wenn dieses Leben zu Ende geht, ist das, um das Sie Ihren eigenen Charakter ergänzt haben, sei es nun gut oder schlecht.

Tun Sie es jetzt! Füllen Sie die Checkliste Ihrer Wochenziele aus.

12. MONAT: WÖCHENTLICHE ZIEL-CHECKLISTE

MEINE PERSÖNLICHEN ZIELE FÜR WOCHE EINS

1. _____
_____

2. _____
_____

3. _____
_____

MEINE BERUFLICHEN ZIELE FÜR WOCHE EINS

1. _____
_____

2. _____
_____

3. _____
_____

12. MONAT: WÖCHENTLICHE ZIEL-CHECKLISTE

MEINE PERSÖNLICHEN ZIELE FÜR WOCHE ZWEI

1. _____

2. _____

3. _____

MEINE BERUFLICHEN ZIELE FÜR WOCHE ZWEI

1. _____

2. _____

3. _____

12. MONAT: WÖCHENTLICHE ZIEL-CHECKLISTE

MEINE PERSÖNLICHEN ZIELE FÜR WOCHE DREI

1. _____

2. _____

3. _____

MEINE BERUFLICHEN ZIELE FÜR WOCHE DREI

1. _____

2. _____

3. _____

12. MONAT: WÖCHENTLICHE ZIEL-CHECKLISTE

MEINE PERSÖNLICHEN ZIELE FÜR WOCHE VIER

1. _____

2. _____

3. _____

MEINE BERUFLICHEN ZIELE FÜR WOCHE VIER

1. _____

2. _____

3. _____

MEIN MONATSRÜCKBLICK ERFOLGSPRINZIP: KOSMISCHE GEWOHNHEITSKRAFT

DIE PERSÖNLICHEN ZIELE, DIE ICH ERREICHT HABE

Persönliche Bestandsaufnahme:

Habe ich erreicht, was ich mir im 12. Monat vorgenommen habe?

Welche persönlichen Ziele des 12. Monats muss ich korrigieren und auf den nächsten Monat übertragen?

MEIN MONATSRÜCKBLICK ERFOLGSPRINZIP: KOSMISCHE GEWOHNHEITSKRAFT

DIE BERUFLICHEN ZIELE, DIE ICH ERREICHT HABE

Persönliche Bestandsaufnahme:

Habe ich erreicht, was ich mir im 12. Monat vorgenommen habe?

_____
_____
_____
_____
_____

Welche beruflichen Ziele des 12. Monats muss ich korrigieren und auf den nächsten Monat übertragen?

_____
_____
_____
_____
_____

Habe ich TÄGLICH Maßnahmen ergriffen,
die mich meinem konkreten Hauptziel näherbringen?

_____

_____

_____

_____

Wie habe ich mein Versprechen erfüllt,
das Prinzip der kosmischen Gewohnheitskraft anzuwenden?

_____

_____

_____

_____

Habe ich ein konkretes Hauptziel für mein Leben gewählt?

_____

_____

_____

_____

12. MONAT

Habe ich es schriftlich festgehalten?

_____
_____
_____
_____
_____

Habe ich einen detaillierten Plan entworfen, um dieses Ziel zu erreichen?

_____
_____
_____
_____
_____

Habe ich festgelegt, was ich im Gegenzug zu geben bereit bin?

_____
_____
_____
_____
_____

NOTIZEN

NOTIZEN

FINALER RÜCKBLICK UND MASSNAHMENPLAN

Jetzt, da Sie Ihr Tagebuch für die Planung und Dokumentation Ihres Handelns vollendet haben, ist es an der Zeit, Ihren endgültigen Plan zu entwerfen. Wir schlagen vor, dass Sie nun Ihr eindeutiges Hauptziel im Leben und Ihren Plan für das Erreichen dieses Ziels aufschreiben, indem Sie der nachfolgend skizzierten bewährten Formel folgen: Neun Schritte, gefolgt von Ihrem persönlichen Maßnahmenplan, die Sie der Reihe nach gehen sollten. Beginnen Sie Hier und Heute und legen Sie für das kommende Jahr klar und verpflichtend fest, was Sie in welchem Zeitraum erreichen möchten – und unterschreiben Sie anschließend Ihren Vertrag mit sich selbst!

Die neun vorbereitenden Schritte für Ihren Maßnahmenplan zum Erfolg lauten:

Schritt 1

Bestimmen Sie Ihr Lebensziel und stellen Sie es sich so intensiv vor, dass es ein Teil Ihres Unterbewusstseins wird. Schreiben Sie dieses Ziel jetzt auf. Dies ist Schritt 1.

Schritt 2

Informieren Sie sich so detailliert wie möglich über dieses Ziel, alle erforderlichen Voraussetzungen und den möglichen Gegenwert, der Sie beim Erreichen dieses Ziels in Form von Glück, Zufriedenheit und wirtschaftlicher Sicherheit erwartet. Halten Sie Ihre Ergebnisse schriftlich fest. Dies ist Schritt 2.

Schritt 3

Analysieren Sie sämtliche Fakten und erstellen Sie eine Liste zukünftiger Aufgaben, geordnet nach ihrer Priorität. Das wird Ihre »To-do-Liste«. Gliedern Sie diese Liste anschließend in wöchentliche oder monatliche Zeiträume auf, die

Sie im Laufe des kommenden Jahres für die Realisierung Ihres großen Ziels benötigen werden. Dies ist Schritt 3.

Schritt 4

Setzen Sie sich einen festen Zeitrahmen für das Erreichen Ihres Ziels. Notieren Sie für jede Ihrer wöchentlichen bzw. monatlichen Aufgaben ein Anfangs- sowie ein Enddatum, bis zu dem Sie an Ihrem Ziel angelangt sein wollen. Dies ist Schritt 4.

Schritt 5

HANDELN SIE UNVERZÜGLICH, UM IHRE PLÄNE IN DIE TAT UMZUSETZEN. TUN SIE ES JETZT! Schreiben Sie auf, welche Sofortmaßnahmen Sie ergriffen haben, um diese Pläne unverzüglich in die Tat umzusetzen. Dies ist Schritt 5.

Schritt 6

Folgen Sie Ihren Plänen beharrlich. Lassen Sie sich nicht von Hindernissen beirren. Listen Sie einige der Hürden auf, von denen Sie glauben, dass sie Ihren Fortschritt behindern, und arbeiten Sie anschließend daran, diese Hürden aus dem Weg zu räumen – entweder durch eine positive Geisteshaltung oder durch eine andere geeignete Maßnahme. Dies ist Schritt 6.

Schritt 7

Konzentrieren Sie sich stets auf einen einzelnen Schritt, um Ihr Ziel zu erreichen. Überstürzen Sie nichts. Listen Sie Monat für Monat die einzelnen Schritte auf, die Sie unternehmen werden, um Ihr bestimmtes Hauptziel zu erreichen. Dies ist Schritt 7.

Schritt 8

Prüfen Sie in regelmäßigen Abständen, ob Sie auf dem richtigen Weg sind, und passen Sie Ihre Pläne an, wenn Sie in Situationen geraten, auf die Sie keinen Einfluss haben. Listen Sie geistige Wegweiser auf, die Ihnen signalisieren, dass Sie sich in die richtige Richtung bewegen. Dies ist Schritt 8.

Schritt 9

Schreiben Sie Ihren gesamten Plan nieder und machen Sie das Planen zur Gewohnheit. Sagen Sie nicht nur, dass Sie Erfolg haben werden. Wünschen Sie sich nicht nur, dass Sie Erfolg haben werden. Warten Sie nicht nur auf den Rat erfolgreicher Menschen, um selbst zu Erfolg zu gelangen. Handeln Sie selbst nach Ihrem eigenen Plan! Dies ist Schritt 9.

PERSÖNLICHER MASSNAHMENPLAN

Nun ist es an der Zeit ... Ihren Maßnahmenplan für Ihren Erfolg zu Papier zu bringen und ihn mindestens zwei- bis dreimal täglich zu lesen – am Morgen, am Nachmittag und am Abend.

1. Schreiben Sie klar und präzise auf, welches große Ziel Sie in Ihrem Leben unbedingt erreichen möchten und wie Sie es erreichen wollen.
2. Setzen Sie eine Frist für die schrittweise Erfüllung. Schlüsseln Sie Monat für Monat, Woche für Woche auf, oder, wenn Sie besonders ehrgeizig sind, Tag für Tag.
3. Legen Sie fest, welche Gegenleistung Sie im Gegenzug für das Erreichen Ihres konkreten Hauptziels erbringen möchten (welchen Dienst Sie erweisen oder was Sie sonst tun wollen).
4. Legen Sie Ihren Plan klar und präzise dar und ergänzen Sie Ihren Vertrag mit sich selbst um kurzfristige, mittelfristige und langfristige Ziele.
5. Datieren und unterschreiben Sie diesen Plan.

Sie haben es geschafft! Sie haben Ihren Fahrplan zum Erfolg erschaffen!

Ich wünsche Ihnen eine gute Reise!

FINALER RÜCKBLICK UND MASSNAHMENPLAN FÜR MEIN EINDEUTIGES HAUPTZIEL IM LEBEN

Mein eindeutiges Hauptziel lautet (mein Vertrag mit mir selbst):

_____

_____

_____

_____

_____

Meine Unterschrift: _____

Tag: _____ Monat: _____ Jahr: _____

Das Erreichen meines Hauptziels beinhaltet Folgendes:

Kreuzen Sie alles an, was zutreffen könnte

○ Finanzieller Erfolg: _____

_____

○ Anerkennung: _____

_____

○ Persönliche Leistung: _____

_____

○ Seelenfrieden: _____

_____

○ Spirituelle Erfüllung: _____

_____

○ Beitrag zu einer Gemeinschaft: _____

_____

○ Harmonie in der Familie: _____

_____

○ Sonstiges: _____

_____

Als Gegenleistung für das Erreichen meines konkreten Hauptziels beabsichtige ich Folgendes zu geben:

Mein erster Schritt in Richtung meines Ziels lautet:

_____

_____

Dies werde ich bis zu diesem Datum erreichen:

Tag: _____ Monat: _____ Jahr: _____

Mein zweiter Schritt in Richtung meines Ziels lautet:

_____

_____

Dies werde ich bis zu diesem Datum erreichen:

Tag: _____ Monat: _____ Jahr: _____

Mein dritter Schritt in Richtung meines Ziels lautet:

_____

_____

Dies werde ich bis zu diesem Datum erreichen:

Tag: _____ Monat: _____ Jahr: _____

FINALER RÜCKBLICK UND MASSNAHMENPLAN

*Denken Sie daran,
dass alle Grenzen, die Sie an Ihrem Fortkommen
hindern, lediglich Grenzen sind, die Ihnen Ihr Verstand setzt!*

N~APOLEON~ H~ILL~

ERFOLG

Wenn du eine Sache so sehr willst, dass du hinausgehst und dafür kämpfst,
Tag und Nacht dafür arbeitest,
deine Zeit, deine Ruhe und deinen Schlaf für sie aufgibst.
Wenn dich allein die Sehnsucht danach so verrückt macht, dass du niemals müde wirst,
alles andere für geschmacklos und billig hältst.
Wenn dir das Leben ohne sie leer und nutzlos erscheint
Und alles, was du planst und träumst, sich nur um sie dreht,
Wenn du dich gerne für sie ins Zeug legst, dich um sie sorgst, für sie planst,
All deine Gottesfurcht oder Furcht vor Menschen für sie überwindest,
Wenn du einfach nur nach der Sache strebst, die du erreichen willst,
Mit deinem ganzen Vermögen, deiner gesamten Stärke und Klugheit,
Deinem Glauben, deiner Hoffnung und Zuversicht, deiner strikten Beharrlichkeit.
Wenn dich weder kalte Armut, Hunger oder Krankheit, noch die Schmerzen Deines Körpers
oder Geistes
Von dieser Sache abhalten können,
Wenn du verbissen und grimmig um sie kämpfst,
Dann wirst du sie erhalten!

BERTON BRALEY

FINALER RÜCKBLICK UND MASSNAHMENPLAN

NOTIZEN